国際観光
コミュニティの形成

訪日中国人観光客を中心として

馮 力 Feng Li
孫根 志華 Sone Shika

学 文 社

推薦文

　「一衣帯水の国」と言われる日中両国は，1972年の国交正常化の後も様々な荒波を乗り越えてきました。「小異を捨てて大同につく」という先人たちの知恵と行動力で，今日の日中関係は築かれてきました。この絆を強めるのは何といっても，互いの国民が相手の国を知ることです。その意味で近年日本を訪れる中国の人々の数が増えることは，日中の相互理解に計り知れない貢献をしています。

　本書「国際観光コミュニティの形成」は，日本を訪れる中国の皆様と日本の地域の人々の間で，小さいながらもコミュニティが出来つつある現状を明らかにしました。「爆買い」だけでなく，旅行者と地域の交流，「もの」から「こと」への関心，リピーターの増加など，間違いなく日中双方の相互理解につながると確信しています。この流れが「観光」というビジネスを超えて，21世紀アジアの大きな発展につながることを強く願っております。

　本書が観光関連の関係者だけでなく，中国ビジネス，科学技術，教育，留学など，中国に関心のある多くの人々に読んでいただけるよう期待しております。

一般社団法人全国旅行業協会　会　長　二階　俊博

はしがき

　日本政府観光局（JNTO）の発表によると，2018年の訪日外国人が過去最多の3119.2万人に達し，前年比8.7%増を記録したという。国別に見ると，トップは訪日中国人観光客の838万人であり，前年比で13.9%という大幅な伸び率であった。

　2003年に観光立国への取り組みが始まって以来，日本政府が訪日外国人へのビザの発給を大幅に緩和したことにより，多くの外国人が日本を訪れるようになった。同年の訪日中国人観光客は45万人で，韓国，台湾，アメリカに次ぐ4位であった。訪日外国人総数521万人に対して，中国人が占める比率は8.6%であった。しかし15年後の2018年に同比率は26.9%に上昇し，訪日外国人総数のトップに立った。また同期間の全世界からの訪日外国人総数は6.0倍増であったのに対して，中国からは18.6倍増となり，驚異的な伸び率を示した。

　訪日中国人観光客数が急速な伸びを実現した背景には，さまざまな要因が考えられる。中国経済の持続的な成長による国民可処分所得の増加は，富裕層を中心に海外旅行者が増えたことの最も基本的な要因としてあげられる。また，中日両国の政治関係が好転しつつあると同時に，経済関係の一層の緊密化も重要な要因であるといえる。さらには観光立国を目指す日本が，訪日外国人の受け入れを促進するために諸施策を講じてきたことも同様に重要である。

　これらの諸要因とは別に，中国の人々の日本への関心が以前よりも高まりつつあることに加え，日本の伝統文化や若者文化に共感が増しつつあることも重要な要因のひとつとなっている。日本への関心の高まりは両国の政治関係の好転や経済関係の一層の緊密化により促進されやすいファクターであるとされる。日本でのさまざまな文化体験や歴史探訪，各種観光施設での体験は，日本社会に対する理解を深める効果をもたらし，伝統工芸や伝統産業などの見学は日本の伝統への関心を高める役割を果たしている。またウェルネスツーリズムやスポーツツーリズムなどの各種体験型観光への嗜好の多様化は，中国人観光客が

マスツーリズムからニューツーリズムへと観光の高度化，成熟化していることを示唆している。つまりこれらの交流を通じて中国人の日本への理解が増進し，理解の増進がさらに日本への関心と共感を高め，さらにリピーターとして次の訪日を促進するという，好循環が形成されつつあると推察される。

　訪日中国人観光客の中で高まりつつある日本への関心と共感の本質については，さまざまな議論があると思われるが，そこに見えて来るものは，訪問を通じて観光客が観光地との間ではぐくみつつある，ある種のつながりの感情であるように思われる。つまり観光客が観光地を訪れ，その土地の文化や伝統に触れ，居住者との交流を通じて，自然発生的に生まれた観光客と観光地との結びつきである。そしてこのような結びつきから，観光客がリピーターとして再びこの地を訪れたいと願い，数次の再訪をしていくうちに，観光客と観光地のコミュニティとの交流が徐々に深まり，同時にそのつながりの感情も次第に強まっていくのである。

　観光客と観光地とのつながりの感情が強まっていく現象は，近年，特に北海道などへの訪日中国人リピーターの急増現象などで確認されており，少数ながら移住に向かう事例も見受けられる。日本のほかの地域にも訪日中国人リピーターが出現し，各種の体験交流を通じた理解の増進と共感の高まりという好循環が作用しているように見える。

　しかもこのような訪日中国人観光客が少人数から多数へ，初めての訪問から複数回訪れるリピーターへ，一般の観光客から地元コミュニティの参加者へと変わっていくことは，これまでの国際観光では見られない現象である。こうした現象の裏に何らかの新しい国際観光の動きが生まれるのではないかと想定し，こうした動きを正確に捉えるための検証の必要性が生じてくると筆者らは考える。

　本書はこうした訪日中国人観光客の急増による訪問者と観光地の居住者との間の交流の深化は，中日間の新たな国際観光コミュニティの形成として捉えている。検証は以下の各章を通じて行われる。

　序章では国際観光コミュニティの形成という仮説を提起する。国際観光コ

ミュニティの定義を検証するために，第1章ではコミュニティをめぐる先行研究，第2章では「AISASの法則」が国際観光分野への適用により，国際観光コミュニティの定義を明らかにしていく。第3章および第4章では，日本の観光立国政策とインバウンド観光，中国のマスツーリズムとアウトバウンド観光の現状と特徴をそれぞれ分析する。第5章では，中日間の国際観光交流を支えている航空業の動向と課題を検証する。第6章では，中日間の国際観光コミュニティの形成の可能性を検証し，形成の要因と意義を論じる。また中日間の国際観光コミュニティの形成の妥当性をより客観的に論証するため，第7章と第8章では，それぞれ訪日中国人観光客，及び受け入れ側の日本人を対象にアンケート調査を実施し，実証分析による中日間の国際観光コミュニティの存在を明らかにする。第9章では，両者のアンケート調査データに基づきクロス分析による中日間の国際観光コミュニティに対する再検証を行う。これらの検証結果に基づき，第10章では，日中間の国際観光コミュニティを形成する可能性を検証する。終章では，国際観光コミュニティをさらに発展させるためには，観光分野に広がりつつあるシェアリングエコノミーを概観し，特に日本の地方創生に資する活用を提案する。

　本書の筆者は，中日航空業務の現場で長きにわたり勤務する実務者と，中日観光実務を経験した後，大学に戻った研究者の2人である。その意味で，本書で明らかにしようとする国際観光コミュニティの理論と実践を考察するうえで，これまでの経験を有効に活用する立場にあるといえる。この立場を活かして，本書のテーマである『国際観光コミュニティの形成―訪日中国人観光客を中心として―』に対して，学術と実践の双方からのアプローチを試みる。

　最後になったが，本書の出版に並々ならぬご尽力いただいた学文社の田中千津子氏に心からお礼を申し上げたい。

　　2019年師走

著　　者

目　次

推薦文　i

はしがき　　iii

序　章　**国際観光コミュニティの仮説** ……………………………………………1

第1章　**コミュニティをめぐる先行研究** ……………………………………5

    1　マッキーヴァーの先行研究 …………………………………………5

    2　ヒラリーの先行研究 …………………………………………………8

    3　ウェルマンの先行研究 ……………………………………………11

    4　技術進歩とコミュニティ …………………………………………13

    5　コミュニティ概念のまとめ ………………………………………17

第2章　**国際観光コミュニティへのアプローチ** ………………………21

    1　国際観光の時代 ……………………………………………………21

    2　国際観光コミュニティ形成を予感させる事例 ………………23

    3　「AISASの法則」による国際観光コミュニティの定義 …………31

    4　国際観光コミュニティのアクター ………………………………34

第3章　**観光立国の日本とインバウンド観光** …………………………39

    1　インバウンド観光の振興策 ………………………………………39

    2　インバウンド市場規模の拡大とその特徴 ……………………43

    3　「コト」消費とニューツーリズム ………………………………47

    4　インバウンドによる地方創生―ニセコ町の事例 ……………51

第4章　**マスツーリズムの中国とアウトバウンド観光** ………………57

    1　マスツーリズムの時代 ……………………………………………57

    2　アウトバウンド市場の拡大とその要因 ………………………60

viii

	3	中国人アウトバウンド観光の特徴	63
	4	急増する訪日中国人観光客の捉え方	70

第5章　航空業から見る中日観光産業の発展 79

	1	航空利用と国際観光の動向	79
	2	航空利用と中日間の国際観光	81
	3	さらなる発展の課題	97

第6章　中日間の国際観光コミュニティの形成 101

	1	浮上する中日間の国際観光コミュニティの姿	101
	2	中日間の国際観光コミュニティの形成要因	106
	3	中日間の国際観光コミュニティの発展の意義	111

第7章　訪日中国人観光客対象のアンケート調査 117

	1	仮説と目的	117
	2	調査実施	118
	3	観光客サイドからの中日間の国際観光コミュニティの検証	146

第8章　受け入れ側の日本人を対象としたアンケート調査 149

	1	仮説と目的	149
	2	調査実施	151
	3	日本人サイドからの中日間の国際観光コミュニティの検証	187

第9章　2つのアンケートに基づく中日間の 国際観光コミュニティの再検証 189

	1	カイ二乗検定によるクロス分析	189
	2	中日間の国際観光コミュニティを発展させるために	200

第10章　日中間の国際観光コミュニティの可能性への示唆 207

	1	国際観光コミュニティの形成の条件	207
	2	日中間の国際観光コミュニティの形成をめぐって	212

終　章　国際観光コミュニティとシェアリングエコノミー ············· 219

参考文献 ··· 223

付　録
　　　1　訪日中国人観光客対象のアンケート調査票（中国語）··············· 227
　　　2　受け入れ側の日本人対象のアンケート調査票 ·························· 230

国際観光コミュニティの仮説

序章

　国際観光は，非居住者である観光客が観光地を訪れ，観光地のさまざまな活動の参加を通じて，居住者との交流を深める一面が反映される活動である。近年，所得増大を実現しつつある新興国の住民が相次いで国際観光市場に参加してくるようになっている。これは国際観光市場の急拡大をもたらすだけでなく，観光形態，観光に関する価値観も大きく変わり，そして観光客と観光地との間に観光の意識や観光のスタイルなどにもさまざまな変化をもたらしている。なかでも，非居住者である観光客が居住者のコミュニティに入り，さまざまな交流活動の参加による観光地との交流の深化が見られる。

　これらの変化から，① 観光客が旅行前から観光客同士や観光地の友人・知人との間でソーシャルネットワークサービス（Social Networking Service, 以下は SNS と略す）などを用いて行う観光地情報の交換から形成されるバーチャル型の国際観光コミュニティ，② 観光客が観光地を訪れ，居住者との間の文化交流やイベント・祭り参加などの活動を通じて，観光客と居住者との交流から形成されるリアル型の国際観光コミュニティ，③ 観光客が帰国後に行う，観光客同士，及び観光地の居住者との SNS による交流を継続した後に，リピーターとして再び着地型観光や，参加型観光に参加することから形成されるバーチャル＋リアル型の国際観光コミュニティという，3 つの国際観光コミュニティの形成が考えられる。

　本書は，このような国際観光コミュニティの形成の仮説を念頭に，① 非居住来訪者としての観光客と受け入れ側の居住者との間にはぐくまれるつながりの感情から，国際観光コミュニティと呼ばれるにふさわしい概念の形成過程を明らかにし，② 国際観光コミュニティの概念が中日間の観光の現状と課題を

分析するうえで有効であることを明らかにすることが主要な目的である。

　これらの目的を達成するために，本書では，まずコミュニティという概念をめぐる先行研究について考察する。通常，コミュニティが成立するには以下の3つの要素が不可欠といわれる。すなわち①構成員の間で社会的相互作用が交わされていること，②地域的空間の限定性，③共通の絆の存在の3つである。一方，コミュニティに関する先行研究では，移動手段とコミュニケーション手段の発達により，コミュニティ概念が時代とともに変化し，領域という「地域的空間の限定性」はさほど重要でなくなるという考察がある。具体的にはコミュニティに関するマッキーヴァー，ヒラリー，ウェルマンなどの先行研究があげられる。これらの先行研究で示されたコミュニティ概念の変化の趨勢を踏まえながら，コミュニティから国際観光コミュニティへと発展させることの妥当性を検証する。

　具体的な事例として，中国雲南省の大理に魅せられてそこに移住したフランス人ダニエルのケースを取り上げる。同ケースを通じて，観光客と観光地の交流の深化から生まれるつながりの感情を6段階に分けることが可能である。すなわち，①「相互発見」，②「訪問意志の相互確認」，③「訪問の実行」，④「再訪の約束」，⑤「再訪の実現」，⑥「移住の実行」の6段階である。なかでも，第1段階から第5段階においては，コミュニティの形成に重要とされる「社会的相互作用」と「共通の絆」の要素が含まれている。すなわち，それは観光客が観光地というコミュニティにアプローチし，国際観光コミュニティを形成していく過程として捉えることが可能である。

　そして，このプロセスはインターネット時代の消費者の購買行動の分析に活用される「AISASの法則」に当てはめて分析すると，観光地について観光客が，①Attention ⇨初めての発見，②Interest ⇨観光地への関心度アップ，③Search ⇨さらなる情報の収集，④Action ⇨初めての訪問の実施，⑤Share ⇨訪問後の感想を友人と共有，という5段階に相当する。なかでも観光客が初めての訪問において，観光地居住者との交流を通じて何らかのつながりの感情が芽生え，その感情が次第に強まっていくうちに，リピーターとして

の再訪を実現するという，「AISAS の法則」を繰り返していくことになる。

　つまり，このような観光客が，① 初めての訪問⇨ ② 観光地とつながりが生まれる⇨ ③ リピーターとしての再訪⇨ ④ 観光地のコミュニティに受け入れられる⇨ ⑤ つながりの一層の深化，という観光客と観光地の間のつながりが次第に強まっていくプロセスは，本研究の対象である非居住者である観光客が観光地のコミュニティに入り，居住者とのさまざまな交流活動を通じて形成される国際観光コミュニティのプロセスとほぼ一致するといえる。

　したがって本書で定義しようとする国際観光コミュニティの概念が成立し，訪日中国人観光客による中日間の国際観光コミュニティの形成への応用が可能となる。

　本書の基本的姿勢は，ものごとの変化を歴史的視点から捉え，変化の趨勢を踏まえながら未来にむけての考察に努めるところにある。その際，① 先行研究を通じて，コミュニティの概念，定義に関する理論的考察を行い，それらを整理した上で国際観光コミュニティの概念の成立の可能性を確認し，最後に観光分野への応用を試みる。② 応用社会学，観光経済学からのアプローチを通して，中日間の観光交流を事例として，国際観光コミュニティの形成の現状と背景を考察する。特に訪中日国人観光客の目的地において，どのような文化的交流，文化的融合が行われているのかを把握する。

　上記の目的をより効果的に達成するために，本書は，先行文献研究と実証研究を組み合わせた手法を導入する。国際観光コミュニティの概念の有効性を検証するためには，主として先行文献研究を中心に行われるが，訪日中国人観光客による中日間の国際観光コミュニティの形成の実態に迫るためには，中日両国における観光産業の振興を政策面，現状面から考察を行った後，観光客（訪日中国人観光客）と観光地（受け入れ側の日本人）に対して，それぞれアンケート調査を行い，中日間の国際観光コミュニティの形成の実態を明らかにしていく。なかでも，訪日中国人リピーターが国際観光コミュニティの形成，及びSNS によるバーチャル型の国際観光コミュニティの形成に有効であること，

受け入れ側の日本人の観光客との交流の深化は国際観光コミュニティの形成に効果的であることなどを証明するため，クロス分析の手法を導入する。

コミュニティをめぐる先行研究

第1章

コミュニティという概念に対して，これまで多くの研究者がその定義の確立に取り組んできた。初期の研究成果はコミュニティが成立するには以下の3つの要素が不可欠であるとしていた。すなわち ① 構成員の間で社会的相互作用が交わされていること，② 地域的空間の限定性，③ 共通の絆の存在の3つである[1]。これに対してやや時代の下った研究者たちは地域的空間の限定性を緩和する考え方を提示した。すなわち移動手段やコミュニケーション手段などの発達によって，それまでの地域的空間の限定性を超えた範囲でも構成員間の社会的相互作用は可能となり，共通の絆は成立しうると捉えたのである。

1 マッキーヴァーの先行研究

アメリカの社会学者であるマッキーヴァー（MacIver, Robert Morrison）は1917年に出版された『コミュニティ―社会学的研究：社会生活の性質と基本法則に関する一試論』[2] において，コミュニティという概念につき以下のように述べている。

「私はコミュニティという語を，村とか町，あるいは地方や国とかもっと広い範囲の共同生活のいずれかの領域を指すのに用いようと思う。ある領域がコミュニティの名に値するには，それより広い領域からそれが何程か区別されなければならず，共同生活はその領域の境界が何らかの意味をもついくつかの独自の特徴をもっている。物理的，生物学的，心理学的な宇宙諸法則のすべては，ともに生活する諸存在を互いに類似させるうえに力を貸している。人類が共に生活するところには常に，ある種のまたある程度の独自な共通の諸特徴―風習，伝統，言葉遣いそのほか―が発達する。これらは，有効

な共同生活の標識であり，また結果である。あるコミュニティがより広いコミュニティの一部となったり，すべてのコミュニティが程度の問題であるということもあるであろう。たとえば，英国人で外国の首都に住むものは，その首都の広いコミュニティと同時に彼らだけの親密なコミュニティ内で生活を送ることが多い。それは共同生活の程度や強さの如何に関する問題である。その一方の極には人間の全世界がある。それはひとつの大きいけれども漠然とした非統合的な共同生活である。他方の極は，普通の個人の生活がその内に営まれる狭小で集約的なコミュニティであって，あるときは広くあるときは狭く，その外辺が常に変化するところの共同生活の極小の核である。社会関係は最も不十分なものでさえ，世界の果てにまで拡がる社会的接触の連鎖のなかの一部である。このように生起する社会諸関係の無限の系列のなかに，われわれは都市〔市民〕や民族や部族といったより集約的な共同生活の諸核を識別し，それらをコミュニティとみなすわけである。（中略）コミュニティは，本来的に自らの内部から発し，活発かつ自発的で自由に相互に関係し合い，社会的統一体の複雑な網を自己のために織りなすところの人間存在の共同生活のことである。」[3]

　以上の記述から明らかな通り，コミュニティという概念は一言で定義できるほどの単純な概念ではない。彼はまずコミュニティという概念を，「村や町，あるいは地方や国」などの「共同生活の領域」を指す語として定義しようとしている。しかも「共同生活の領域」という言葉は「共同生活が営まれている場」，あるいは「共同生活が営まれている範囲」と読みかえることが可能であろう。このように考えれば，マッキーヴァーの考え方はきわめて常識的であり，現代のわれわれにも違和感がない。

　続いて彼が述べていることは，ある「領域」がコミュニティの名に値するためには，その「共同生活が営まれている範囲」がその範囲の外側とは区別される何らかの「独自の特徴」を持っていなければならないという主張である。この主張も，「独自の特徴」を持っている範囲を「共同生活の領域」，すなわち「コミュニティの範囲」と定義するという意味で受けとるならばやはり違和感

はない。

　さらにマッキーヴァーは「外国の首都に住む英国人」の例をあげ，コミュニティの重層性を指摘している。その英国人は彼が今住んでいる「外国の首都の居住者」という「限定された空間領域」としてのコミュニティの一員であると同時に，国の首都に「外国人として住んでいる英国人」という「限定された属性」としてのコミュニティの一員でもある。つまりコミュニティはその定義によりさまざまな範囲で成り立ち，人は複数のコミュニティに同時両属が可能だと指摘している。

　その上でコミュニティの最大方向の極を「人間の全世界」とし，最小方向の極を「普通の個人生活がその内に営まれる狭小で集約的なコミュニティ」としている。つまりマッキーヴァーの考え方は，最大のコミュニティは「人類全体」であり，最小のコミュニティは「家族」であると理解される。

　以上のような検討に基づき，コミュニティは事の本質上その内部から活発かつ自発的に，そして自由に導かれた人々の共同生活である。人々はそうした共同生活の中で，活発かつ自発的で自由に相互に関係し合い，社会的統一体の複雑な網を自己のために織りなすところの人間存在の共同生活のことであるという，より鮮明なイメージが描けるものとなる。

　このようにマッキーヴァーはコミュニティをさまざまな角度から説明し定義しようとしているが，その概要は以下の通り整理することが可能と考える。

①　コミュニティは，共同生活が営まれている範囲である。

②　コミュニティの範囲は，その範囲の外側とは区別される何らかの「独自の特徴」を持っていなければならない。

③　コミュニティはその定義によりさまざまな範囲で成り立ち，人は複数のコミュニティに同時両属が可能である。

④　コミュニティの最大方向の極は「人類全体」であり，最小方向の極は「家族」であり，「都市」，「民族」，「種族」などがコミュニティの典型例である。

⑤　コミュニティは内発的，自然発生的なものであり，成員間の働きかけあ

8

いにより社会的まとまりが保持されている。

❷ ヒラリーの先行研究

　ヒラリー（Hillery, G. A.）は1955年に「コミュニティの定義—合意の分野」[4]というタイトルの論文を発表，そのなかで可能な限りの先行研究を収集し，コミュニティという概念を使用している94の事例を選び出して詳細な検討を加えている。

　図表 1 - 1 は定義を内容別に分類し，一覧表にしたものである。注目すべきは，「地理的領域」という分類基準について，ヒラリーが以下のように述べていることである。

　「コミュニティの最も重要な構成要素はその地域的境界であるということを，地理的領域を特定する全ての諸定義が意味しているわけではない（いくつかはそうしているのであるが）。すなわち，領域の限定が，これら諸定義の中に明言されているという事実だけで，それらを分類するための十分な証拠とみなされたわけである。定義の 7 つの下位区分は，社会的相互作用と地理的領域の要素との両方を含んでいる。(1)コミュニティの本質的要素を自己充足だと述べるものがあり，(2)次のグループでは，共同生活が重要な概念とされている。それ自体に対して充足的な集団の概念が包括的であるのと同様に，この考えもまたある面で包括的である。実際，自己充足的な集団は，一領域における共同生活にほかならないのである。しかし，自己充足的な集団が，論理的に，より大きな集団の一部として機能できないのに反し，共同生活の一領域として表現されるコミュニティは，より大きな集団の一部であることを妨げられない。」[5]

　ヒラリー分類によれば，「Ⅰ　一般的コミュニティ」の中で「1　地理的領域」を分類基準としている定義は全部で55例ある。「Ⅱ　農村コミュニティ」においては「農村」という領域上の限定を当初より加えているので，15例の定義すべてが「1　地理的領域」を分類基準にしていることになる。つまり，94例の定義のうち合計70例が「地理的領域」を分類基準に掲げていることになり，

第1章　コミュニティをめぐる先行研究　9

図表 1 - 1　コミュニティの諸定義と内容別分類

定義において言及された区分の基準となる考え方や要素	定義の数	考　案　者
Ⅰ　一般的コミュニティ		
A　社会的相互作用		
1　地理的領域		
a　自己充足性……………	8	▷ウィルソン，ホップハウス，ウィーラー，ジンスバーグ，サンダーソン，ジンマーマン，フェアチャイルド，デイビス，ランディス，ホウリー．
b　共同生活………………	9	▷マッキーヴァー，マッキーヴァーとページ，モース，パークとバージェス，キンネマン，スネッデン，マクレナーン，ゾーボウ，ワース，J. バーナード．
(1)　親族関……………………	2	▷テンニス，ヘバーレ．
c　同類意識………………	7	▷ジャクソン，ジレット，ブランナー，リンデマン，クック，ネルソン，アンダーソンとヒル．
d　共通の目的・手段・規範の所有…	20	▷ウォード，ヒエロニムス，ノース，ダン，ピレンヌ，ランドクイストとカーバー，ウッド，ランドクイストとムーア，バール，スタイナー，ノース，オスバーンとニュマイヤー，ゲテスジンスバーグ，パヌンツィオ，ホフソマーとプライアー，ホマンズ，ヒラー，ベネット，チューミン，ヒルマン．
e　制度的機関の集積……	2	▷パーク，オグバーンとニムコフ．
f　地域性集団……………	5	▷ギャルピン，バージェス，リッチ，サンダースとエンスミンガー，ウォーナー．
g　個体性…………………	2	▷ホウ，マッケンジー．
2　領域以外の何らかの共通する特質の存在		
a　自己充足性……………	1	▷バターフィールド．
b　共同生活………………	3	▷スモール，シムズ，パーク．
c　同類意識………………	5	▷クーリー，コール，ディフェンドルファー，オルポート，ヘイズ．
d　共通の目的・手段・規範の所有…	5	▷ラッセル，プティット，パヌンツィオ，モルガン，J. & J. オグデン．
3　社会体系………………	1	▷ヒルとホワイティング．
4　個体性…………………	3	▷ハート，リアオ，ビューズ．
5　態度の総体……………	1	▷フェアチャイルド．
6　過程……………………	2	▷フォレット，ケース．
B　生態学的諸関係…………	3	▷マッケンジー，ヒューズ，ホリングスヘッド．
Ⅱ　農村コミュニティ		
A　社会的相互作用		
1　地理的領域		
a　自己充足性……………	1	▷ジレット．
b　共同生活……………	3	▷ヘンダーソン，マクレナーン，ソローキンとジンマーマンとギャルピン．
c　同類意識………………	3	▷トンプソン，エンスミンガー，T. L. スミス．
d　共通の目的・手段・規範の所有…	3	▷バール，ランティス，サンダーソン．
e　地域性集団……………	5	▷ウィルソン，ギャルピン，ボーグト，サンダーソン，コルプとマーシャル．
全体の定義…………………	94	

出典：Hillery, G. A., [1955] "Definition of community: Areas of agreement," *Rural Sociology*, Vol. 20, No. 2, p. 114.

その比率は実に74％に上る。

　しかしヒラリーが、「コミュニティの最も重要な構成要素はその地域的境界であるということを、地理的領域を特定する全ての諸定義が意味しているわけではない。すなわち、領域の限定が、これら諸定義の中に明言されているという事実だけで、それらを分類するための十分な証拠とみなされたわけである」と述べていることは、きわめて重要である。つまりヒラリーは、「地理的領域」をコミュニティの分類基準にあげている定義のうち、これを「最も重要な構成要素」としているのは「いくつか」の例があるだけで、大部分の定義は「最も重要な構成要素」とはみなしていないことを指摘している。言い換えれば、「領域をもたないコミュニティ」という概念の存在をヒラリーが認めたことになる。

　ヒラリーはコミュニティに関する94の定義を分析し、コミュニティに必要な要素として、① 社会的相互作用、② 領域、③ 共通の絆、の3つを掲げているものが69例あるとしている。そして、③ の「共通の絆」の概念を考慮から除いて ① と ② だけを掲げているものを数えると、70例が該当するとしている。そのうえで今度は ② の「領域」の概念を考慮から除くと、73例が該当すると指摘している。

　またヒラリーが「領域の概念を考慮から除いた」場合について論じるにあたり、行を改めていることに注目しておく必要がある。③ の「共通の絆」の概念を考慮から除いた場合については行を改めずに、いきなり「70の定義、つまりほぼ4分の3がコミュニティの必要要素として領域と社会的相互作用をあげている」と述べていることと比べれば、ヒラリーが「領域の概念を考慮から除いた場合」をより重視していることは明らかである。

　そのうえでヒラリーは以下のように論を進めている。

　「こうして、いろいろな定義の大部分が、コミュニティの重要な要素として、次のようなものを内包している。すなわち、領域・共通の絆・社会的相互作用（それぞれ一つずつをわけてみると、この順序で重要性が増す）である。さきに述べた逸脱的生態学者を例外とすれば、著者の全てが、これら三要素

（それらが要素の全てであるかどうか，あるいはそれらが最も重要なものであるかどうかはともかくとして）を，コミュニティの定義に含めることを許容するであろう。著者のなかには，定義のなかで，領域や共通の絆を指摘していないかも知れないが，しかし，それらを考慮の外に排除しているわけではない。したがって，例えば領域というものがコミュニティには必要ではないと主張する場合でも（実際に数人の著者がそう言っているが），ある特定の領域内に存在している集団はコミュニティたりえない，という主張は誰もしていない。」[6]

ヒラリーは先行研究者たちのなかに，「領域というものがコミュニティには必要ではないと主張する者」が存在することを認めている。マッキーヴァーの時代にはあまり取り上げられなかった考え方が，ヒラリーの時代には無視できない研究界の動向として明確に位置づけられたのである。すなわちヒラリー自身は「コミュニティの領域性」を堅持していると考えられるが，それを否定する同時代の学者の存在を対等に扱っている。以上よりコミュニティ概念における「領域性」の重要度は時代とともに低下しつつあるといえる。

❸ ウェルマンの先行研究

ウェルマン（Wellman, Barry）はカナダ・トロント大都市圏のイースト・ヨークという地域の住民に対する調査を実施し，調査結果をもとに，1979年に『コミュニティ問題：イースト・ヨーク住民の親密なネットワーク』[7] と題する論文を発表した。そのなかでウェルマンはそれまでの学説を「コミュニティ喪失論」，「コミュニティ存続論」，「コミュニティ解放論」の３つに分類している。特に「ネットワーク」という視点に立つ「解放論」について，ウェルマンは以下のように紹介している。

「解放論は，喪失論と存続論の分析が並存している状況から生まれた。解放論は，第一次的紐帯がいたるところに存在しており，その重要性を失っていないことは認めるが，いまやそうした紐帯のほとんどは，密に編まれ，しっかりと束ねられた結束というかたちで組織されることはなくなっている

と主張する。この学説の主張を列挙すると次のようになる。(a) 住居と職場と親族集団が分離したことによって，都市居住者は結束力の弱い心のつながりしかない[8] 複数の社会的ネットワークとのかかわりを持つようになる。(b) 居住地の移動率が高まったために，既存の紐帯が弱まり，新たな強い紐帯の形成が阻害される。(c) 安価で効率のよい交通機関やコミュニケーション技術によって，空間的距離がもたらす社会的コストが低減され，分散した第一次的紐帯の維持が容易になった。(d) 都市や国家の規模・密度・多様性が大きくなり，相互交流を促進する施設・設備が普及したため，ゆるやかに束ねられた複数の社会的ネットワークに接する可能性が増大する。(e) 第一次的紐帯が空間的に分散しており，都市の異質性[9] が高いために，都市居住者同士が密に編まれたネットワークを作ったり，結束力の強いコミュニティを形成したりする傾向は弱まる。(中略)

いまや第一次的紐帯は密に編まれた単一の結束へと束ねられているのではなく，まばらに編まれ，空間的に分散し，枝分かれした構造を持つようになっている，と解放論は主張する。(中略) 解放論のおかげで，コミュニティ問題はそのルーツである地域から自由になることができた。」[10]

ウェルマンはトロント大都市圏のイースト・ヨークでの調査において，対象者に対して自分にとってもっとも親しい人6人について詳細な情報を教えて欲しいと尋ねている。つまり彼は，あなたのご家庭以外の方でもっとも親しいと感じる方のことを「第一次的紐帯」と捉え，これがコミュニティのあり方を解明するための鍵である，と考えたのである。

ここで注目すべきはウェルマンが「解放論」の主張のひとつとして，「安価で効率のよい交通機関やコミュニケーション技術によって，空間的距離がもたらす社会的コストが低減され，分散した第一次的紐帯の維持が容易になった」点をあげていることである。

ウェルマンが「ネットワーク」という視点からコミュニティ概念を規定したことは，同概念にとって「領域性」はもはや必要不可欠な要素ではないと主張したに等しい。人はさまざまな「ネットワーク」により成立した複数のコミュ

ニティに分属しており，それぞれのコミュニティには少なくとも1人の「第一次的紐帯」により結びつけられた相手がいる。この相手もまたさまざまな「ネットワーク」により成立した複数のコミュニティに分属しており，解放された「ネットワーク」を通じて次々と結びつけられるコミュニティの範囲はどこまでも拡大していく可能性があるからである。このようにして解放されたコミュニティに所属する成員が存在する空間的範囲もまた，どこまでも広がる可能性があるのである。

　以上の考察により，コミュニティ概念にとって地理的・空間的領域はもはや必要不可欠な要素とはいえなくなっている。ウェルマンは解放された「ネットワーク」という視点に立つ「コミュニティ解放論」により，コミュニティの「領域性」を解放したと理解される。

❹　技術進歩とコミュニティ

　コミュニティという概念の変化を追跡すると，それはそれぞれの時代が到達した技術の水準を反映していることが確認できる。ある時代の最先端技術は当初ほんのわずかな人々にしか享有されないため，この段階でその時代のコミュニティ概念に影響を及ぼすことはないが，やがてその時代の先端技術が社会の最もアクティブな層の大半に受け入れられ，その恩恵が広く社会に享受されるようになると，社会のあり方は当該先端技術の利用を前提としたものに変化し，そうした社会のあり様の変化により，それまでのコミュニティ概念は当然の結果として変容を迫られることになる。そこで，技術進歩がコミュニティという概念にどのような影響を与えるのかについて，以下で考察を加えてみよう。

⑴　移動手段の進歩とコミュニティ

　現代社会の科学技術の進歩は驚異的である。人類は移動手段として長く馬や犬，駱駝，象などの動物に頼ってきたが，1769年のジェームズ・ワットによる蒸気機関の発明により，これを鉄道や船舶の動力として利用する道が開かれ，移動を機械に頼る時代が始まった。1870年にはジークフリート・マルクスによ

るガソリン・エンジンが初めて荷車に搭載され，自動車や飛行機への搭載の道が開かれた。1893年にはルドルフ・ディーゼルがディーゼルエンジンを発明し，ディーゼル機関車や大型船舶への搭載が可能となった。1927年にはリンドバーグが，ガソリン・エンジンを搭載したプロペラ機による大西洋単独無着陸飛行に成功した。1939年にはハインケルが初めてジェット・エンジンによる飛行に成功した。

　このように，移動手段としての機械の発明により，人類はより速く，より遠くへ，より大量に，より容易に移動することが可能となった。その後，さまざまな改良が加えられたことにより，今日では自動車，鉄道，飛行機，船舶のいずれもが人類の主要な移動手段として現代社会に定着しており，これらの利用を当然の前提とした社会生活が営まれている。したがって，これらの技術の進歩が人と人との交流の時間的，空間的距離を縮める効果をもたらし，人々が移動することによって，遠く離れた別のコミュニティの活動に容易に参加することが可能になる。これによって「地域的空間の限定性」というコミュニティの成立要件が次第にその効力を弱めてしまうことが考えられる。

⑵　コミュニケーション手段の進歩とコミュニティ

　コミュニケーション手段についても急速な発展が見られる。古代の「狼煙」は視認による情報伝達であり，その通信速度は視界がよければ光速と同じであるが，伝達可能な内容は送信側と受信側との間で事前に定められた定型的なものに限られ，コミュニケーション手段としては不完全なものであった。飛脚や早馬，伝書鳩などは文字情報をこれらに託すことにより複雑な内容も通信可能であったが，通信速度は人や馬，鳩の速度に制約されていた。

　19世紀後半の電信の発明により通信速度は飛躍的に高まったが，伝達可能な内容は文字や文章の表現力の範囲に制約されていた。郵便制度の確立は個人と個人の間のコミュニケーションを広く保証した。新聞の普及はマスに対する文字情報の一斉伝達を可能にした。電話の発明が加わることにより，音声の直接伝達が可能となり，文字表現では困難であった切迫感などの感情表現も伝達が

可能となった。さらにラジオの発明により，マスに対する音声の一斉伝達が可能となり，テレビの発明が加わって，映像と音声の同時一斉伝達が可能となった。映像や動画の伝達は，文字と音声による情報伝達に比べ視覚に訴えるものであり，強い臨場感を伴う情報共有ができるため，説得力や共感獲得力を飛躍的に向上させた。

　このようにコミュニケーション手段は飛躍的な発展をとげてきたといえる。ただし電話はそれを所有していれば誰でも発信者になれるが，ラジオ，テレビ，新聞はそれを業とする企業や組織しか発信者になることはできず，事実上，個人の自由なコミュニケーション手段とはなりえなかった。これを打ち破ったのが，コンピュータ・ネットワークをつないだインターネットであり，さらにこれを使いやすく充実させたソーシャル・ネットワーク・サービス（SNS）である。

　こうした技術の発展により，それらを利用する一人ひとりの個人がマスに対する情報発信が可能となり，発信された個々の情報ごとに関心を示す受信者との間で，個別のコミュニケーションが成立するようになった。特にインターネットやSNSの登場により，コミュニケーション手段の発達は「究極の段階」に達したといえる。つまりこれらの技術により，利用するすべての個人がマスに対し，文字と音声と動画を含む映像のすべてを利用し，瞬時に情報を双方向的に伝達することが可能となったからである。

　近年のインターネットやSNSの急成長は，すでに現代社会の最もアクティブな層のかなりの部分に受け入れられており，恩恵が広く社会に享受されつつある。もちろん，フェイクニュースや一方的誹謗中傷，炎上などのさまざまな問題を抱えていることは事実であるが，だからといってそれを理由に現代社会がインターネットやSNSの恩恵享受を拒絶することは考えられない。両者が今後も成熟を続け，社会はその恩恵の享受を前提として営まれていくはずである。それに合わせて，インターネットコミュニティの出現といわれるように，コミュニティ概念もすでに相応の変容が現れつつあるといえる。

⑶　リアルコミュニティからバーチャルコミュニティへ

　近年，コミュニティの概念における顕著な変化は，リアルコミュニティから
バーチャルコミュニティへと進化させつつあることがあげられる。コミュニ
ケーション手段としてのインターネットと SNS の登場に対して，羽藤雅彦は
以下のように論じている。

　　「1990年代以降，ネット上で会った事のない人同士がコミュニティを作る
　　という現象が生じた。それらはオンラインコミュニティやバーチャルコミュ
　　ニティ，ネットコミュニティ等と称され，注目を浴びている。」[11]

　インターネットと SNS の登場は，これまでのコミュニティ成立のために不
可欠な三要素とされてきたもののうち，「地域的空間の限定性」の不可欠性を
緩和する方向で作用することが最も重要な貢献といえるからである。両者の登
場により，社会の構成員の一人ひとりがマスに対して直接情報を発信すること
が可能となり，その情報内容に関心を持つ人々との間で直接意見交換などの働
きかけをすることがすでに可能となっている。その意味で，情報の発信者と受
信者との間に空間的距離の存在を意識する必要性がなくなったといえる。しか
も各種の関心事項はインターネットを媒介として，個人と個人の間に成立する
「つながり」，すなわち SNS などを通して，当該事項に関心を持つ特定のグ
ループに公開し，より深い会話を通じて関心事の浸透を図る可能性をもたらし
ている。

　これまでコミュニティの成立に不可欠とされてきた三要素には ① 構成員の
間で社会的相互作用が交わされていること，② 地域的空間の限定性，③ 共通
の絆の存在があるが，共通の関心事項をめぐりさまざまな情報交換，情報共有，
意見交換を行う現代人にとっては，そのうち，② を満たすのが最も難しい要
件とされる。なぜならかつての技術条件の下では，② の条件が欠落していれば，
そもそも ① も ③ も成り立たなかったからである。移動手段もコミュニケー
ション手段も未発達な社会にあっては，限定された空間の範囲内でなければ構
成員間の社会的相互作用は成立しなかったし，共通の絆も生まれなかったから
である。しかし今日の技術条件の下では，バーチャルな空間においても社会的

相互作用は成立するし，共通の絆も生まれる。この点について羽藤雅彦はさらに以下のように論じている。

　　「近代化が進んだ社会では地域性を満たしていればそこには相互作用が生じ，コミュニティが成立するとは必ずしもいえなくなっている。そのため，同じ地域に住んでいることがコミュニティ成立の必要条件なのではなく，相互作用により，何らかの共通する特徴が生み出されることが必要となったと理解できる。すなわち，相互作用が行われることによってコミュニティは成立するのである。」[12]

　すなわち現代の技術条件の下では，社会的相互作用を通した絆の成立に，リアルな接触は不可欠ではなくなったことを示唆する。言い換えればバーチャルコミュニティの形成におけるその社会的環境が整いつつあるといえよう。

5　コミュニティ概念のまとめ

　上述のようにマッキーヴァーは，コミュニティ概念に不可欠な三要素として，① 社会的相互作用，② 地域的空間の限定性，③ 共通の絆をあげている。またヒラリーは94にのぼるコミュニティに関する定義を収集し，コミュニティの三要素として，① 領域，② 共通の絆，③ 社会的相互作用をあげ，三要素の中で「領域」はもっとも重要性が低いとしている。その上で，「領域というものがコミュニティには必要ではない」と主張する学者も存在することを指摘した。一方のウェルマンはコミュニティ概念に「ネットワーク」という概念を導入することによって，「コミュニティ解放論」の立場を明言した。そしてコミュニティ概念にとって「領域性」はもはや必要不可欠な要素ではないと主張したに等しく，観光客と観光地の結びつきは，地域と空間的枠組みを超えることが可能となった。ウェルマンの示唆は，コミュニティという概念について包括的な理解を促す結果になったといえよう。

　また技術進歩により，コミュニティ概念は常に変化し続けてきた。特に移動手段の進歩やコミュニケーション手段の進歩はコミュニティ概念に相応の変化を迫らざるを得ない。この指摘はウェルマンが整理した「コミュニティ解放

論」の主張と完全に一致している。そして，こうした技術進歩はコミュニティ成立に不可欠とされてきた三要素，すなわち，① 構成員の間で社会的相互作用が交わされていること，② 地域的空間の限定性，③ 共通の絆の存在，のうち ② の「地域的空間の限定性」の不可欠性を緩和する方向で作用するはずである。

　特に移動手段と通信手段はウェルマンの時代にくらべ，さらなる飛躍的進歩を遂げた今日の技術条件の下では，バーチャルな空間においても社会的相互作用は成立するし，共通の絆も生まれる。リアルな接触がなければ社会的相互作用が成立せず，絆も生まれなかったこれまでの社会に比べると，現代の技術条件の下，社会的相互作用による絆の成立が可能になり，リアルな接触は必要不可欠な条件ではなくなったといえる。

　これら先行研究をもとに，今日の社会の発展趨勢も踏まえながら，コミュニティに含まれる諸要素は以下のように整理することができる。

① コミュニティの人的要素。コミュニティの構成員は人間である。

② コミュニティの社会文化的要素。コミュニティに集まった人々が行う社会的活動や文化活動は，コミュニティを構成する人々の双方向の行動によって実現される。それら諸活動を行う人々に，社会の規範，慣習，文化といった要素が反映され，活動の参加者はそれに従い，守る。

③ コミュニティの帰属意識。居住者はもちろんのこと，コミュニティ活動に参加する非居住者も自分の体験，記憶，記録を語ることによって，その帰属感が得られる。

④ コミュニティの地理的要素は存在するが，さほど重要性はない。

⑤ バーチャルコミュニティの要素。技術進歩の下では，バーチャルな空間においても社会的相互作用は成立するし，共通の絆が生まれる。

注

1 ）Hillery, G. A. [1955] p. 118, 及びヒラリー（山口弘光訳）[1978] pp. 313-314] 第 3 章の内容に基づく著者のまとめによる。

第1章 コミュニティをめぐる先行研究 19

2) MacIver, R. M. [1970] *Community A Sociological Study: Beingan Attempt to set out the Nature & Fundamental Laws of Social Life*, 4th edition. Frank Cass & Co Ltd. 及びマッキーヴァー, R. M. [2009]『コミュニティ—社会学的研究：社会生活の性質と基本法則に関する一試論』ミネルヴァ書房（中久郎/松本通晴監訳）参照。

3) 前掲書 MacIver, R. M. [1970] p. 22, 及びマッキーヴァー, R. M. [2009] p. 46 及び pp. 56-57参照。

4) Hillery, G. A. [1955] "Definition of community: Areas of agreement," *Rural Sociology*, Vol. 20, No. 2, pp. 111-123参照。

5) 前掲書 Hillery, G. A. [1955] p. 115, 及びヒラリー（山口弘光訳）[1978] p. 309参照。

6) 前掲書 Hillery, G. A. [1955] p. 118, 及びヒラリー（山口弘光訳）[1978] p. 314参照。

7) Wellman, Barry [1979] "The Community Question: The Intimate Networks of East Yorkers," *American Journal of Sociology*, Vol. 84, No. 5, pp. 1201-1231参照。

8)「結束力の弱い心のつながりしかない」の原文は "with weak solidary attachments" である。原訳文では「連帯的愛着の弱い」と訳されているが，意味を汲み取りやすくするために修正した。

9)「都市の異質性」の原文は "heterogeneity of the city" である。原訳文では「都市人口の異質性」と訳されているが，明らかな誤りと考えられるので修正した。

10) 前掲書 Wellman, Barry [1979] pp. 1204-1205, 及びウェルマン（野沢慎司・立山徳子訳）[2006] pp. 165-167参照。

11) 羽藤雅彦 [2016] p. 8参照。

12) 羽藤雅彦 [2016] p. 6参照。

21

国際観光コミュニティへの
アプローチ

第 **2** 章

　観光とは，他国，他地域の風景，風俗，文物等を見たり，体験したりすること，広い意味では，楽しみを目的とする旅行一般を指す[1]。一方の国際観光は，「人が自国をはなれて，ふたたび自国へもどる予定で，外国の文物，制度などを視察し，あるいは外国の風光などを鑑賞，遊覧する目的で外国を旅行すること」[2]とされる。このように観光と国際観光はともに元の居住地（自国）に再び戻ってくることを前提に，国内あるいは国境を越えて往来する旅行者の流れや観光地との交流を，経済的，文化的，社会的，心理的な側面からみた消費行動，消費現象といえる。また国際観光を一国単位で捉えると，外国から観光客を迎える観光はインバウンド観光，自国の国民を外国に送り出す観光はアウトバウンド観光であり，国際観光はインバウンドとアウトバウンドという双方向の観光から成り立っている。

◢**1**　国際観光の時代

　国際観光市場の動向を見ると，2000年には6.8億人であった全世界海外旅行者数は2020年に14億人，2030年に18億人に拡大し，なかでも新興国のシェアは57％になると世界観光機関（UNWTO）が予測している[3]。これまで多くの発展途上国では，インバウンド観光を外貨獲得の重要な手段として位置づけていた。そのため先進国からの利益率の高い旅行者を対象にした収益性の高い事業分野としてインバウンド観光に積極的に取り組んでいた。しかし80年代以降のグローバル規模の大競争により，多くの発展途上国では工業化の進展に伴って国民所得が増大し，インバウンド観光による外貨獲得の必要性が低下しつつある。代わりに国民が海外旅行を楽しむという，アウトバウンド観光へ事業拡大

の方向を大きく切り替えるようになる。一方先進国の中でも，国内消費の低迷からインバウンド観光の誘致拡大による地域経済の活性化を図り，外からの内需の拡大に注力している。

新興国によるアウトバウンドと先進国によるインバウンド観光の拡大は，上記の世界観光機関の予測からもわかるように，新興国からの観光客が主役となっている実態があり，今後さらに多くの新興国の国民が国際観光市場に参入してくることが予測される。その意味で，先進国と発展途上国の観光客が地球規模の移動を行うようになった今日，観光は世界経済の大きな柱に成長し，21世紀は国際観光の時代になったといっても過言ではない。

国際観光は平和産業ともいわれる。国際観光の拡大，すなわち海外から多くの人々を受け入れることは国民の草の根レベルも含めた国際交流を深め，国際相互理解を促進することになるからである。また国民レベルでの国際交流と相互理解の促進は「文化安全保障」とも呼ぶべきものであり，観光振興は単に経済的側面だけでなく，政治・外交的側面においてもきわめて重要な役割をもつ。

また観光の経済効果に注目すると，観光は単に旅行業のみならず，輸送業，外食産業，製造業，エンターテイメント・コンテンツ産業，農林水産業等，広汎な分野の産業と密接な関連があるため，その振興が大きな経済波及効果を生み出すことが期待される。具体的には，外国人旅行者による消費の拡大を取り込むことが，旅行業，宿泊業といった観光産業のみならず，小売業，製造業など幅広い産業に経済効果が波及し，地域経済の活性化や雇用の創出などが見込まれる。特に国内外から観光客の誘致拡大は，活気ある街づくり，景観の整備，都市再生等を通じてわれわれが普段生活している空間を魅力的にすることが大前提である。換言すれば地域が光り輝くことによって交流人口が増大し，交流人口の増大が地域をますます魅力的にするという好循環の創出に観光振興の本質がある。

このように観光は今や個人の生活の中でも，都市政策の中でも国家デザインにおいても主役となっている。観光の効果に着目すると，「公益的効果」と「経済的効果」の2つがあげられ，それぞれがお互いに影響しあっている。公

益効果としては，国際観光であれば国際親善効果，国内観光であれば国民厚生効果があげられる。経済効果としては国際観光であれば外貨獲得という国民経済効果，国内観光であれば地域経済効果が挙げられる[4]。

図表2－1　観光の効果と観光産業の関連図

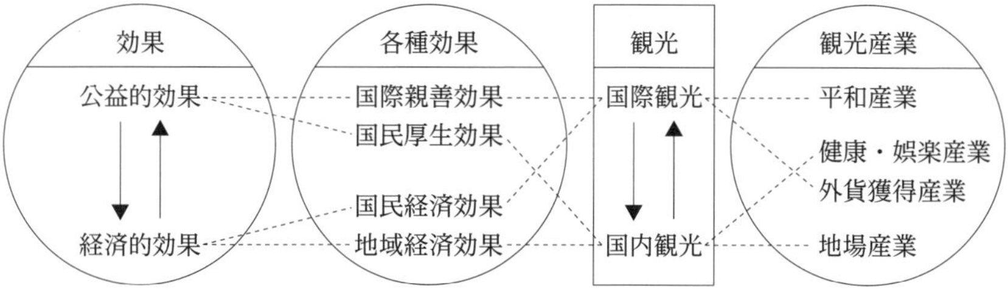

出典：河村誠治『観光経済学の基礎』九州大学出版会，2000年，p. 24

❷　国際観光コミュニティ形成を予感させる事例

　国際観光コミュニティは非居住者である観光客から観光地の居住者との交流を通じて，何らかの「つながり」感情の形成により，やがてリピーターとしての再訪を果たし，観光地コミュニティの一員として迎えられることから形成されると考えられる。「つながり」形成の実態に迫るために，本書は，中国の中央電視台（CCTV）が2015年に放送した『外国人在中国—情帰大理』[5]（中国にいる外国人—情は大理に帰す）を事例として取り上げる。

　番組に登場する主人公ダニエルは大理には10年近く住み，今では評判の良い小さな旅館を営む宿屋の主人である。彼はイギリスで経営管理を専攻し，卒業後スイスの銀行に職を得て，エリート金融マンになった。しかしビジネスマンとして成功したダニエルは，心に空白を感じることがあった。そんな時，中国の大理で休暇を過ごした友人から，まるで俗世間から隔絶されたような大理の写真を彼から見せられた。その景色の美しさにすっかり心を奪われたダニエルは初めての大理訪問に出かけた。大理では人々は誰もが客人をもてなすのを悦びとしていた。これこそが彼の心に欠けていた温かさであることをダニエルは

発見した。その時，彼はまるで自分の家に帰ったように感じ，わずか7室しかない小さな旅館の主人として新たな人生を切り開いたというストーリーである。

(1)　ダニエル事例の検証

　ダニエルの事例はもちろん稀なケースであるが，観光客と観光地との「つながり」を考察するにあたって，有効な事例としての活用が可能と考える。なぜなら，西欧社会に生まれ育ち，そこで自らが思い描いていた地位と生活を手に入れておりながら，大理を訪れたことをきっかけにそれまでの生活を捨て，やがて大理に移り住むことを選択したダニエルであるが，彼は観光地というコミュニティへのアプローチを通じて，やがて所属コミュニティの変更を実際に行った人物であり，その所属コミュニティの変更は一体どのようにしてなされたのかという問題について，彼の心理の奥底にまで入り込んだ分析が可能な事例となるからである。

　観光客と観光地のつながりの深化を考察するにあたって，観光客と観光地との「つながり」は①「相互発見」，②「訪問意志の相互確認」，③「訪問と受け入れの実現」，④「再訪の約束」，⑤「再訪の実現」，⑥「移住の実行」という6段階に分けて分析することができる。ダニエルの事例を頼りに，観光地というコミュニティへのアプローチから，やがて所属コミュニティの変更を実際に行ったプロセスを考察してみる。

　まず大理という観光地について，ダニエルはそこを訪ねた友人から初めて情報を得ている。友人から見せてもらった大理の写真を通して，初めてその存在を知ったため，それは偶然のことといえる。大理という観光地が不特定多数にむけて発信する情報が，友人を介してダニエルに届いたのであるから，まず観光地側が先に彼を発見したといえる。しかし，ダニエルは受身的ではあったが，友人から大理の写真を見せられた瞬間にその美しさに魅せられたため，両者の間ではほぼ同時に「相互発見」がなされたといえる。

　「相互発見」からダニエルは「つながり」の第2段階である「訪問意志の相互確認」に自ら進んで動いたことになる。ダニエルのもとに届く観光地の情報

第 2 章　国際観光コミュニティへのアプローチ　25

は，大理からだけではない。世界中の観光地に関するさまざまな情報がダニエルには届いていたはずであるが，ダニエルはそのすべてを確かめるためにすべての現地に向かったわけではない。ダニエルは多くの観光地に関する情報の中から，取捨選択をして大理に向かう意思決定を行った。

　したがって，この取捨選択はどのようにしてなされたのか，ということを考察することが決定的に重要となる。ダニエルが大理を選択したのは，「自分の求めている何かがある」と感じたからであろう。この段階では，まだ自分が何を求めているのかは明らかになっていない。しかしダニエルは大理に「自分の求めている何かがあるという予感」を抱き，それが何であるのかを自分の眼で確かめたいと思い，現地に向かう決意をしたと考えられる。

　以上の考察から，「つながり」の第 1 段階である「相互発見」が実現する上で決定的に重要なことは，そこに「自分の求めている何かがあるとの予感」であることがわかる。恐らくそうした予感がなければ，第 2 段階の「訪問意志の相互確認」に進むことはないと考えられる。

　ここでダニエルが感じた「自分の求めている何かがあるという予感」について分析しておく。大理にはそれがあると彼は予感した。ということはダニエルが所属している現在のコミュニティにはそれがない，という裏返しの現実を示唆している。彼は現在の所属コミュニティに何かが欠如していることを感じ，その実体が何であるのかもわからないまま，無意識のうちに飢餓感を覚えてきたのではないかと推測される。

　このことはそれまでエリート銀行マンとして暮らしてきたダニエルの価値観が，なんらかの理由で変化しつつあったことを示唆する。成功したビジネスマンとして得られている豊かな暮らしや，効率的な社会システムに支えられた便利な生活だけでは充足されない何かが，彼の心のなかで芽生えはじめていたのである。

　こうした時に大理との「相互発見」が起きた。価値観の変化の兆しが訪れはじめていたダニエルに，偶然にもその変化の方向に合致する価値観の世界に遭遇する機会がもたらされた。これまで見たことがなかった大理の写真を友達か

ら見せられ，「自分の求めている何かがあるという予感」は直ちに彼を各種の予約行動に駆り立て，それが大理に受け入れられ，「訪問意志の相互確認」が行われたことに間違いはない。

続く「つながり」の第3段階である「訪問と受け入れの実現」は，以下のように進んだ。大理に着いて彼を迎えた宿の主人は，それまで彼が受けたことのないような形で歓迎の意を示してくれた。大理に到着したその日の夜に，初めて会った人々とすぐに酒を酌み交わし，音楽を聴きながら談笑し，ゆったりとした時間を過ごせたこと，俗世間から隔絶されたような大理という観光地が，長い時間の中で培ってきた新来の客に対する親愛の情にあふれるもてなしが，信じられないような心地よさをダニエルに与えたのであろう。効率的で，無機的で，忙しい西欧での生活に慣れきってきたダニエルにとっては，そうした大理での生活のあり方がとても新鮮に映ったのであろう。「自分の求めている何かがあるという予感」が，こうした形で満たされた。つまり，ここにおいて，ダニエルの大理への「訪問」が初めて「実現」し，宿の主人のダニエルに対する強い関心と好意に満ちた温かい手配によって，ダニエルの大理への「受け入れ」が「実現」した。

大理を訪問する前，ダニエルが得ていた大理に関する情報は，友人が見せてくれた大理の写真や，インターネット検索で得られた情報など，すべてバーチャルなものでしかなかった。しかし宿の主人も，ダニエルを歓迎するために集まってくれた人たちも，生きている生身の人間であり，互いに握手をすることも，肩を叩きあうことも可能なのである。大理の空気を共に吸い，大理の酒を共に飲み，大理の食べ物を共に食べることにより，ダニエルの大理との「つながり」はこの段階ですべてリアルなものとなった。このようにして，「つながり」の第3段階である「訪問と受け入れの実現」が完成した。

「訪問と受け入れの実現」の完成後，第4段階である「再訪の約束」，そして第5段階である「再訪の実現」がなされたのかについては，番組ではそのプロセスを詳細に紹介されていない。しかし後に妻となる中国人女性の存在から，観光客と観光地の「つながり」の深化の過程において，リピーターとしての

「再訪の約束」と「再訪の実現」が存在していることに疑う余地はない。

　最も注目すべきことは，第3段階以降のダニエルに起きたさまざまな価値観の変化である。エリート銀行マンが得られる高い待遇を捨てて，7つしか部屋のない小さな旅館の主人兼料理人として，毎日客のためにフランス料理の用意に明け暮れているその落差は大きかったはずである。これらの価値観変化は，後に妻となる中国人女性の存在によるところが大きいと推察される。ダニエルが「つながり」の第6段階である「移住の実行」を完成させたといえる。こうしてダニエルの観光客と観光地との「つながり」の深化は上記6つの段階を経て実行に移されたのである。

(2)　事例に基づく国際観光コミュニティの検証

　ダニエルの事例を通して，観光客が観光地を初めて訪れ，その地の居住者と交流し，その文化や伝統に魅了され，再びこの地を訪れたいと願い，ついには移住を決意するに至る観光客と，その対象となった観光地との間にはなんらかの「つながり」が存在すると筆者は考える。もちろんダニエルの事例から完全に証明できない部分はあるものの，観光客と観光地の間の「つながり」の深化は大枠において①「相互発見」，②「訪問意志の相互確認」，③「訪問と受け入れの実現」，④「再訪の約束」，⑤「再訪の実現」，⑥「移住の実行」の6段階を踏まえながら進展していったと考えられる。

　観光客が行きたいと思う観光地について，インターネットやその他のコミュニケーション手段により情報を得て，その地を訪れようとする行動を起こした時，観光客と観光地との間には当該観光地に関する情報を得たいという観光客側の要望と，そうした情報を提供したいという観光地側の希望がインターネットなどを媒介とするバーチャル空間において交錯し，相互に相手を発見しあい，結合が生じる。これは観光客と観光地の「相互発見」であり，「つながり」の第1段階である。

　観光客は観光地側より得られた情報を検討し，自己の価値観に照らしてそこが訪問に値する目的地であるか否かを判断する。その際，費用対効果分析が行

われる。費用には金銭的費用のみならず，時間的費用も含まれる。これらの費用の重みは個々の観光客が置かれている状況（金銭的余裕と時間的余裕）により異なってくる。当該目的地を訪問することによって得られる効果も，個々の観光客の価値観により異なってくる。こうした費用対効果分析を行い，効果が費用を上回ると判断された場合に，はじめてその目的地を訪問しようという決意が下され，各種の予約行動が実行に移されるのである。これは観光客と観光地の間の「訪問意志の相互確認」であり，「つながり」の第2段階である。

　観光地との「つながり」の第2段階に至った観光客同士の間には，まだなんのつながりも成立していない。彼らはまだ互いの存在を知るすべがなく，予約を受けた観光地側に互いの存在を結びつけうる情報が存在しているだけである。しかしこの段階に至った観光客の相互の間ではすでに類似した属性が共有されているといえる。同じ目的地に対して，効果が費用を上回るという同様の判断を下しており，ほぼ同様の観光行動により同様の心の満足が得られるであろうことが期待されており，その価値観には高度の一致性が存在していると考えられる。

　観光客と観光地のつながりは，互いの存在を発見しあう「相互発見」の段階をへて，各種の予約行動に進み，「訪問意志の相互確認」の段階に入る。この段階まで，観光客は自己の居住地にとどまっており，観光地との「つながり」は「究極の段階」に達した現代のコミュニケーション手段によりバーチャル空間においてのみ成立している。この段階を越えて，観光客が居住地から移動手段を使って観光地を訪れることにより，観光客と観光地の結合はバーチャルな段階から初めてリアルな段階へ進むことになる。これこそ観光客と観光地との間での「訪問と受け入れの実現」であり，「つながり」の第3段階に到達する。

　この段階において，観光客は許された時間の範囲内で観光地の実態の全面的な受容に努める。そしてそこが再訪に値する地であるか否かを判断する。この段階で再訪に値しないと判断された観光地は，再訪の候補地から外され，この観光客とこの観光地との「つながり」はこの時点で途切れることになる。しかしまた来たいと思った観光客の当該観光地との「つながり」は，その後相当の

長期間にわたり継続されることになる。これは観光客と観光地の間の「再訪の約束」であり，「つながり」の第4段階に入る。

「再訪の約束」が実際に実行できるかどうかは，居住地に帰り，日常生活に戻った当該観光客を取りまく環境がそれを許すか否かにかかってくる。「再訪の約束」をくり返し思い起こしながらも，多忙な日常生活の中で当時の感動は次第に薄れ，いつの間にか約束を忘れてしまうこともあろう。いよいよ再訪を実行できそうな機会が訪れた時には，それまでに再訪を約した他の観光地との間で競争関係が生じる。これらのハードルをすべて越えることができて，初めて「再訪の実現」がなされる。リピーターとして「再訪の実現」により当該観光地に対する理解は一層深まり，当該観光客の価値観の変化は一層顕著なものとなる。これが「つながり」の第5段階である。

「再訪の実現」がなされると，当該観光客と当該観光地の間の「つながり」は一層強固なものとなる。当該観光客にとって，それは第2の故郷のような特別な場所となっていく。それまでの居住地に住み続けた場合と，第2の故郷に生活の場を移した場合と，どちらがより多く心の満足が得られるであろうか，という比較考量がなされることになる。当該観光客にとってそれまでの居住地には彼の生活基盤があり，職場などの各種所属組織や地域社会における人間関係などから受ける影響はすべてがプラスイメージのものばかりではなく，さまざまな軋轢やストレスにもさらされることが避けられない。他方，第2の故郷と思えるようになった当該観光地との間ではそのような複雑な人間関係はまだ成立しておらず，軋轢やストレスなどを当該観光客が受ける可能性はきわめて低いといってよい。

したがって情報の非対称性が存在しているはずである。当該観光客は，現在の居住地に対してはマイナスイメージも含む充分すぎるほどの情報を有しているが，当該観光地に対しては観光客としての数次の訪問から得られた情報しかなく，多くの場合それは観光地側によって予め用意されたプラスイメージのものとなる。そこでは居住者として生活してみなければわからない情報は全く得られていないのである。これは「再訪者のバイアス」とでも呼ぶべき傾向であ

る。

　観光客は自身が「再訪者のバイアス」に囚われている可能性を意識しつつ，それでも移住を実行せねばいられないほど当該観光地は自身にとって魅力的な土地なのかを自問することになる。こうした自問をへて，自己の価値観が当該観光地により疑うべくもないほどに強く影響を受けていることが確認できた場合のみに，移住は実行に移される。これが「つながり」の第6段階である。

　「つながり」の最終段階ともいえる「移住の実行」には，それまでの5つの段階とはまったく異なる側面がある。なぜなら「相互発見」から「訪問意志の相互確認」，「訪問と受け入れの実現」，「再訪の約束」をへて「再訪の実現」に至るまでの5段階は，いずれも「日常への回帰」を前提としているからである。これら5つの段階にある観光客はいずれも「日常からの脱出」を望んで観光地に向かうのであるが，それをいつまでも続けることは通常不可能であり，予定の期間を終えればもとの日常生活へ戻ることを前提としている。

　その意味で第6段階の「移住の実行」に進んだ観光客は，もはや観光客とはいえない。当該観光客は自らの価値観にそぐわなくなったそれまでの日常生活の場を捨て，新たな価値観に合致する新たな日常生活の場を選択したのである。それは所属コミュニティの変更であり，当該観光客はすでに当該観光地の現地コミュニティの一員になったのである。

　コミュニティ概念の変化について検討した際に明らかにしたとおり，現代におけるコミュニティ概念において「地域的空間の限定性」はもはや必要不可欠のものではなくなっており，構成員の間において「社会的相互作用」が交わされ，「共通の絆」が存在してさえいれば，そこにはコミュニティが成立していると考えてもなんら不都合なことはない。事実，第1段階から第5段階にいたるまでの観光客と観光地との間には，確実に「社会的相互作用」が交わされており，「共通の絆」が存在しているからである。

　特に第1段階から第5段階までの最も注目する点は「バーチャルなつながり」から「リアルなつながり」への転換である。第1段階において，観光客は依然として居住地のコミュニティに所属したままであるが，居住地との関係を

維持したまま，観光地との間で新たな「つながり」を持つにいたっている。つまり観光客は居住地との「つながり」と観光地との「つながり」の両方を保持した状態にある。居住地との「つながり」が「リアル」なものであるのに対して，観光地との「つながり」は「バーチャル」な段階に止まっている。この状態は「つながり」の第2段階である「訪問意志の相互確認」の段階にいたっても，同様である。しかし「つながり」の第3段階である「訪問と受け入れの実現」の段階にいたると，当該観光客と当該観光地との「つながり」は「リアル」なものに進化する。この段階で観光客は，居住地と観光地の双方との間でともに「リアル」な「つながり」を保持することになる。この状態は「つながり」の第4段階である「再訪の約束」の段階，および「つながり」の第5段階である「再訪の実現」にいたっても，同様である。この間，居住地との「リアル」な「つながり」は徐々に弱まり，観光地との「リアル」な「つながり」は徐々に強まっていくと考えられる。

　このようにして成立した第1段階から第5段階までの観光客と観光地の間の「つながり」は，「社会的相互作用」と「共通の絆」という基本条件を満たしており，国際観光コミュニティの成立要件を満たしていると仮定することが可能になる。

　もちろん「つながり」の第6段階である「移住の実行」の段階にいたると，当該観光客はそれまでの居住地のコミュニティの一員であることをやめ，すでに移住先の現地コミュニティの一員となっている。この段階で当該観光客のそれまでの居住地との「つながり」はすでに過去のものとなり，「リアル」なものとはいえず，記憶のなかの「バーチャル」なものに変化していると表現してもよい。

❸　「AISASの法則」による国際観光コミュニティの定義

　以上の検討を通して，観光客と観光地の間の「つながり」が段階を踏みながら進化していくことを明らかにした。そして，「つながり」の第1段階から第5段階にいたるまでの間，ダニエルが「相互発見」から「訪問意志の相互確

認」の段階まではバーチャルなものであるが，第3段階の「訪問の実行」と第4段階の「再訪の約束」，そして第5段階の「再訪の実現」の段階においてはリアルなものに進化している。この間，彼は元の居住地とのリアルな「つながり」を維持し続けている。つまり当該観光客は上記の第1段階から第5段階において，元の居住地と当該観光地の双方との間にそれぞれの「つながり」を維持していることになる。

　国際観光は，既述のように「人が自国をはなれて，ふたたび自国へもどる予定で，外国の文物，制度などを視察し，あるいは外国の風光などを鑑賞，遊覧する目的で外国を旅行すること」と定義される。また，コミュニティ概念の変化について検討した際に明らかにしたとおり，現代におけるコミュニティ概念において「地域的空間の限定性」はもはや必要不可欠のものではなくなっており，構成員の間において「社会的相互作用」が交わされ，「共通の絆」が存在してさえいれば，そこにはコミュニティが成立していると考えても不都合がないとされる。

　このような視点から，第1段階から第5段階までの観光客と観光地の間の「つながり」は，外国人観光客が自国から離れ，外国の観光地に入り，居住者との交流を通じて，「社会的相互作用」が交わされ，「共通の絆」が生まれた後，やがてリピーターとしての再訪を実現し，さらなる「つながり」の深化が生まれる。このような作用を通じて，国際観光コミュニティが次第に形成されていくことが考えられる。

　観光とは観光客が観光という商品（サービス）を購入することである。通常，消費者はある商品を認知してから，購買に至るまでは，① 認知（Attention）⇨② 興味（Interest）⇨③ 欲求（Desire）⇨④ 記憶（Memory）⇨⑤ 行動（Action）のようなプロセスをたどる。これはマーケティングの「AIDMA の法則」[6] と呼ばれる。「AIDMA の法則」は，テレビを代表とするマスメディア広告では，幅広い層へのブランド認知の獲得や企業・製品のイメージの向上に働く効果があるが，直接購買につながる効果が弱いとされる。

　これに対してインターネット時代の消費者の購買行動を分析するに当たって，

「AISASの法則」[7] がしばしば利用される。すなわちインターネットの出現により，消費者の消費行動は，① Attention（認知）⇨② Interest（興味）⇨③ Search（検索）⇨④ Action（行動）⇨⑤ Share（共有）というプロセスをたどるようになる（図表2－2）。つまり，ネット広告等により，消費者が誘導され，取引，決済などの，消費者の認知から購買までのすべてのプロセスがネット上で完了することが可能となり，しかも購入後，消費者同士がSNS等を通じて周りの人々と感想などの情報を共有するというメリットもある。

図表2－2 「AISASの法則」からみた消費者の購買行動

① Attention （認知）	消費者は各種メディア等を通じて商品やサービスを知る
② Interest （興味）	消費者は商品・サービスにまだ十分に関心や興味を抱いていない
③ Search （検索）	消費者は商品・サービスに関してインターネット等で検索を行う
④ Action （行動）	消費者は商品やサービスに充分な評価を理解した後，購入する
⑤ Share （共有）	購買後，消費者はSNS等を通じて友人・知人と感想等の情報を共有する

出典：「AISASの法則」より作成

実際，観光サービスを購入するダニエル事例を「AISASの法則」に当てはめて考察すると，ダニエルの第1段階から第5段階の行動は下記のようになる。① Attention（認知）は，ダニエルは友人の紹介で大理という観光地を知った。② Interest（興味）は，ダニエルが観光地の美しさに心を惹かれて興味を持った。③ Search（検索）は，彼が観光地の美しさをもっと知りたい思い，インターネットなどを駆使して，さまざまな情報を集めるようになった。④ Action（行動）は，ダニエルが観光地へ行きたくなり，各種の予約手続きを取り，実際に現地へ赴き観光サービスを購入し利用した。⑤ Share（共有）は，ダニエルが訪問後，友人と観光地に関する情報の共有や，観光地で知り合った人との継続交流などを通して，観光地との「つながり」が生まれた。

この「つながり」感情の高まりに従って，ダニエルは再びAttention（認知）⇨ Interest（興味）⇨ Search（検索）⇨ Action（行動）⇨ Share（共有）というプロセスを体験したく，リピーターとして何度も大理へ足を運ぶように

なった。こうして，ダニエルは大理という観光地のコミュニティに受け入れられ，交流を深めていった。

　上記のように，観光客による①「初めての発見」⇨②「観光地への関心の深化」⇨③「さらなる情報収集」⇨④「訪問の実行」⇨⑤「友人への推奨」，という観光客と観光地の間のつながりが次第に強まっていくプロセスは，本書の主要対象であり非居住者である観光客が観光地のコミュニティに入り，国際観光コミュニティを形成していくプロセスとほぼ一致するといえる。

　「現代におけるコミュニティ概念において，地域的空間の限定性はもはや必要不可欠のものではなくなっており，構成員の間において社会的相互作用が交わされ，共通の絆が存在してさえいれば，そこにはコミュニティが成立する」という既述の内容から，上記のプロセスは国際観光コミュニティの定義に置き換えても差し支えないと判断される。

▲4 国際観光コミュニティのアクター

　国際観光コミュニティは，本書において提唱する新しい概念であり，観光コミュニティの形成にかかわる観光地の居住者（行政関係者，地域住民，広域活動市民など），観光客に至るまで，人間本位の思想を反映する。また国際観光コミュニティはグローバル社会の経済的利益，環境的利益，文化的利益を統合して，優れた共同体を創生する方向へと発展させることを目指しており，観光の持続的発展という目標とも一致する。つまりコミュニティの動き，コミュニティの進化，コミュニティの組織最適化を始め，風景やモニュメント，イベントなどの創生を通じて観光資源を開発するという従来の慣行の考え方に比べて，人間本位のコミュニティ創出であることの重要性を際立たせている。

　その意味で，国際観光コミュニティの一員としての居住者はただの住民ではなく，参加者として国際観光コミュニティの形成に寄与する主体である。また，観光客は観光地に訪れ，地元のさまざまなイベントへの参加を通じて，居住者との交流を深めることにより，新たな参加者として国際観光コミュニティの形成に寄与する。このような居住者と観光客の交流により，国際観光コミュニ

ティを持続的かつ自律的に発展させ，他のコミュニティとの区別が可能な実体をそなえたコミュニティとして把握されるようになる。こうした立場に立つと，「観光」とは，事業としての観光事業とコミュニティの社会，経済，環境との調和の上に発展を続けるひとつの理念と理解することができよう。その際，国際観光コミュニティを動かす人間である，国際観光コミュニティのアクターの存在が特に重要となる。

　本書のように訪日中国人観光客の動向を主要分析対象とする場合，国際観光コミュニティの主要なアクターは以下のように分類することが可能である。

① 観光地側の市町村役場，市町村社会福祉協議会，学校，及び行政，各種団体など。狭い地域のみに関わる存在もあるが，国際観光コミュニティに大きな影響を与える主体である。

② 国際観光コミュニティの中核を成す地縁団体。自治会コミュニティ推進協議会，地区社会福祉協議会，子供会などが含まれる。

③ 市民と市民団体。地域にとらわれる存在ではなく，多くは特定のテーマ・目的のためにより広域で活動を行っている。

④ 訪日外国人観光客（訪日中国人観光客）。リピーター観光客として登場するが，国際観光コミュニティ形成の要員になる。

　これらの行政団体（行政関係者），地縁団体（地域住民），市民団体（広域活動市民），リピーター観光客からなる国際観光コミュニティのアクターは，町づくりや，観光資源の保護と開発，観光文化の伝承などに重要な役割を担い，一緒に「参加する」という概念が観光コミュニティの形成において，欠かせないキーワードになる。

　具体的には訪日中国人観光客が滞在期間中に地元のイベントに参加したり，地域コミュニティに入り，居住者と一緒に各種交流活動を行ったりするなどを通して，新たなアクターとして受け入れられ，国際観光コミュニティの形成に貢献することが考えられる。その際，特にリピーターの存在が重要である。訪日観光客の激しい誘致合戦に勝ち抜くためには，各観光地は旧来型の物見遊山的な観光から，「参加型観光」や「着地型観光」という新しいスタイルの観光

を開発し，当地の魅力を高めようとする。そのため観光をしない（またはできない）人に観光を勧めるよりも，すでに観光に訪れたことのある外国人観光客に対して，当地への訪問回数を増やすために具体的なアクションを行うこと，すなわち新たな国際観光コミュニティのアクターとしてのリピーター観光客の獲得がより重要となる。

　これらのリピーターと居住者との結びつけを強化するものは情報化時代の必需品と言われる SNS があげられる。個人間のコミュニケーションを促進し，社会的なネットワークの構築を支援するネットサービスは，共通の趣味をもち，居住地が異なる個人同士がネット上でのコミュニティを容易に構築できる場を提供している。観光客と観光地の居住者との交流は観光後も継続され，観光地の定期的・不定期的なイベントや交流活動の情報が SNS を通じて共有される場合，観光客が現地集合・現地解散する型の「着地型観光」や地域の伝統文化を体験するなどの「参加型観光」の予備軍になることが考えられる。

　図表 2 - 3 で示したように，①，②，③ という 3 つのルートを通じて，観光客が居住者の地域コミュニティに入り，居住者と観光客からなる共同参加型の国際観光コミュニティを形成していくことが説明される。

図表 2 - 3　国際観光コミュニティの形成のイメージ図

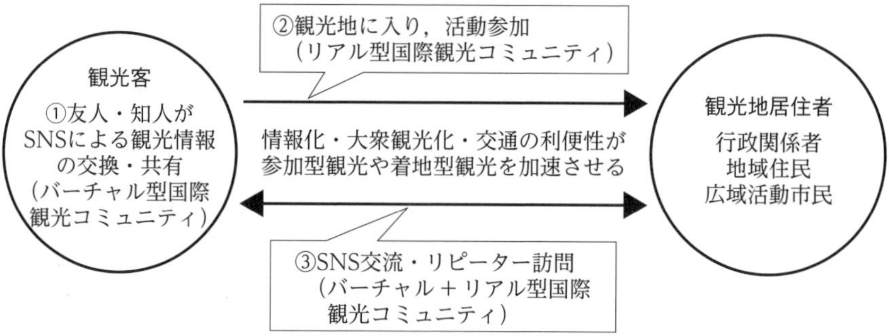

出典：筆者作成

注

1 ）平凡社［2009］『世界大百科事典』。

2 ）津田昇［1969］『国際観光論』東洋経済新報社，p. 8。

3 ）*UNWTO Tourism Highlights*: 2017 Edition より。

4 ）鈴木忠義編［1994］『現代観光論「新版」』有斐閣叢書，pp. 107～109。

5 ）中国中央電視台（CCTV）公式サイト http://tv.cntv.cn/video/VSET1001546 58269/70bdbca26dfd42fc9cb5471170c67997（2019年 2 月15日閲覧）参照。

6 ）サミュエル・ローランド・ホールが1920年代に提唱した消費者心理のプロセスモデル。

7 ）電通が提唱したネット時代の消費者購買プロセスモデル。『宣伝会議』2005.5.1号，pp. 57-58に掲載。

第3章

観光立国の日本とインバウンド観光

　近年の国際観光を世界規模で概観すると，北米観光エリア，欧州観光エリア，東南アジア観光アリア，北東アジア観光アリア，中近東観光エリアといわれる5つの観光エリアに大別される。国連世界観光機関（UNWTO）が発表した2017年インバウンド観光客数ランキングによると，北東アジア観光エリアに属する中国，日本はそれぞれ上位ランキングの4位と12位を占めており，中国と日本は経済大国であると同時に観光大国としての存在が世界の注目を集めている。とりわけ日本は2003年以降の観光立国政策の推進により，同年の訪日外国人観光客数の521万人から，2018年には3,119万人に拡大し（図表3－1），初めて3,000万人の大台を突破した実績が目立った。

❶　インバウンド観光の振興策

　90年代初期のバブル経済の崩壊を機に，日本の企業は軒並みに業績不振に陥った。産業の屋台骨である製造業（ものづくり企業）が活路を求めるために，相次いで海外進出を果たした。その結果，国内で産業空洞化現象が現れると同時に，企業の経営合理化に伴うリストラにより，失業と若者の就職難が深刻化し，地方都市の商店街では「シャッター通り」といわれるように，地域経済の活力が奪われていった。このような背景のもとで，観光産業を21世紀のリーディング産業と位置づけ，観光産業の振興による新規雇用の創出，訪日外国人の観光消費の拡大による観光地経済の活性化が重要な課題として急浮上してきた。

　観光立国に向けて，日本政府は2003年に，訪日外国人を2010年までに1,000万人にするための「ビジット・ジャパン・キャンペーン」（VJC）を開始した。

また，2006年に「観光立国推進基本法」の制定，2008年に観光庁の発足など，観光産業を重視する姿勢を国内外にアピールした。そして，2009年末の「新成長戦略」に関する閣議決定では，2020年初めまでに2,500万人，将来的には3,000万人の訪日外国人を迎え，経済波及効果約10兆円，新規雇用56万人の目標を設定し[1]，観光立国を目指す強い意志を示した。

　これらの努力が功を奏し，図表3－1で示すように，訪日外国人数が2008年10月のリーマン・ショック，及び2011年3月の東日本大震災の影響により，前年度より減少があったのを除けば，その他の年度は軒並みに大幅な増加を実現した。数的には，2013年に初めて1,000万人の大台を突破した後，2015年には2,000万人に迫った。そして，このような訪日外国人の急増を受け，政府は当初見込んだ2020年2,500万人という目標の前倒しを図るため，2016年3月，新たな観光ビジョンである「明日の日本を支える観光ビジョン」[2]を策定，2020年の訪日外国人の目標を4,000万人，2030年に6,000万人に引き上げると決定した。

図表3－1　訪日外国人数の推移

出典：日本政府観光局（JNTO）データより作成

　一連の観光立国をめぐる推進政策は，その後の観光産業の振興に大きく貢献した。特に2006年12月に可決された「観光立国推進基本法」は，観光立国の実

現に関する施策の基本理念を定めており，国及び地方公共団体の責務等を明確化するとともに，「住んでよし，訪れてよしの国づくり」という方向性を明確にし，国民経済の発展，国民生活の安定的向上及び国際相互理解の増進の面で大きな意味があった。そのための具体策として，特に「国際競争力の高い魅力ある観光地の形成」，「観光業の国際競争力の強化及び観光の振興に寄与する人材の育成」，「外国人観光客の来訪を促進し，国際相互交流を促進する国際観光の振興」，「国内外からの観光旅行を促進するための環境整備」などが強調された。これらは訪日外国人観光客の増加目標である2013年の訪日外国人観光客総数1,000万人，2018年の3,000万人の突破に大いに貢献しただけでなく，中国人観光客が訪日外国人の6つの主要市場（中国，韓国，台湾，香港，アメリカ，タイ）のトップに立ったことにも寄与したといえる。

　訪日外国人増加の原動力は，何よりも外国人観光ビザの発給緩和である。これまでいわゆる観光公害と呼ばれる自然環境や生活環境の破壊，文化財の損傷や景観の悪化，犯罪の増加などの負の諸効果が嫌われ，政府は外国人へのビザ発給にはさまざまな規制を設けていた。観光立国の推進過程において，これらの規制が徐々に緩和され，アジア諸国を中心にビザ解禁が行われた。

　とりわけ訪日中国人観光客へのビザ緩和策がその後の訪日外国人の持続的な増加に有効であった。訪日中国人観光客への団体旅行ビザの発給を開始したのは2000年であった。「観光立国推進基本法」の施行後，2009年から一定の所得基準に達する個人への観光ビザ発給も開始した。さらに観光ビザの申請要件が段階的に緩和され，「個人観光一次ビザ」，「沖縄県数次ビザ/東北三県数次ビザ」，「十分な経済力を有する者向け数次ビザ」，「相当な高所得者向け数次ビザ」などのビザ緩和策が相次いで打ち出された（図表3－2）。このような中国人観光客に対する団体観光ビザ，家族観光ビザ，個人観光ビザ等の段階的な解禁を推進した結果，2003年に45万人の訪日旅行者数から2018年の838万人に拡大し，同期間の伸び率は18.6倍に達し，訪日外国人伸び率増加のトップに立ったのである。たとえば，同じ訪日観光客が増え続けている同2位の韓国に比べると，同期間の146万人から754万人に，伸び率は5.2倍であった。日本のイン

バウンド市場拡大の要因として，中国の存在がいかに大きいかわかる。

図表 3 - 2　訪日中国人観光客へのビザ緩和策

時期	内　　容
2000年	団体観光ビザを特定の地域（北京，上海，広東省を対象に団体 5 ～40人まで，添乗員同行）にのみ発給。
2004年	修学旅行生のビザを免除。
2005年	団体観光ビザの発給を中国全土に拡大。
2008年	2 人以上の「家族観光ビザ」を発給。
2009年	北京，上海，広州の三都市に限定して，年収25万元以上の中国人に対して個人観光ビザを発給。
2010年	申請者の年収制限を25万元から 3 ～ 5 万元に大幅に引き下げた。これにより 4 億の中国人が日本への個人旅行ができるようになる。
2011年	沖縄訪問の観光客に対し，沖縄数次観光ビザを発給。 1 度目は沖縄を訪問することを条件とし，ビザの有効期間は 3 年間。但し 1 回の滞在期間は90日以内。
2011年	2010年に緩和した年収制限の条件に課されていた「一定の職業上の地位」という条件を外し，滞在期間も15日から30日に延長。
2012年	東北三県（岩手県・宮城県・福島県，これらは11年の地震被災地域）を訪問する個人観光客に数次観光ビザを発給した。申請用件沖縄と同様。
2017年	一定の経済力を有する中国人に対して， 1 回の訪日滞在期間が30日以内，有効期限 3 年，さらに高所得者には 5 年有効， 1 回の滞在90日という条件のビザを発給。

出典：日本政府各年発表資料より作成

　訪日中国人観光客増に対するビザ緩和の中で特に注目されるのは，2017年に発表された一定の経済力を有する中国人に対して， 1 回の訪日滞在期間が30日以内，有効期限 3 年，さらに高所得者には 5 年有効， 1 回の滞在期間90日という条件のビザの発行である。これにより，中国人観光客の訪日は一層容易になっただけでなく，従来の観光のみの訪問から長期滞在型の訪問，観光地活動参加型の訪問，目的別の訪問などの多種多様なツーリズムの展開が可能となり，観光客が観光地のコミュニティに入り，居住者との各種交流活動の共同参加の可能性ももたらした。

❷ インバウンド市場規模の拡大とその特徴

　日本の観光産業は，今では自動車産業，化学産業に続く，第3位の輸出産業
になっている。観光産業はインバウンドが牽引しているといっても過言ではな
い。インバウンド消費とも呼ばれる訪日外国人旅行消費額は，2012年に初めて
1兆円を突破した後，2014年に2兆円，2015年に3兆円，2017年に4兆円と歴
史的記録を相次いで塗り替え，さらに2018年には4.5兆円と市場規模が拡大し
続けている（図表3 - 3）。また，同年の訪日外国人旅行者1人当たりの旅行支
出は153,029円に達したが，これは日本人国内旅行の1人1回当たり旅行単価
36,462円の4.2倍という計算になる[3]。

図表3 - 3　訪日外国人旅行消費額の推移

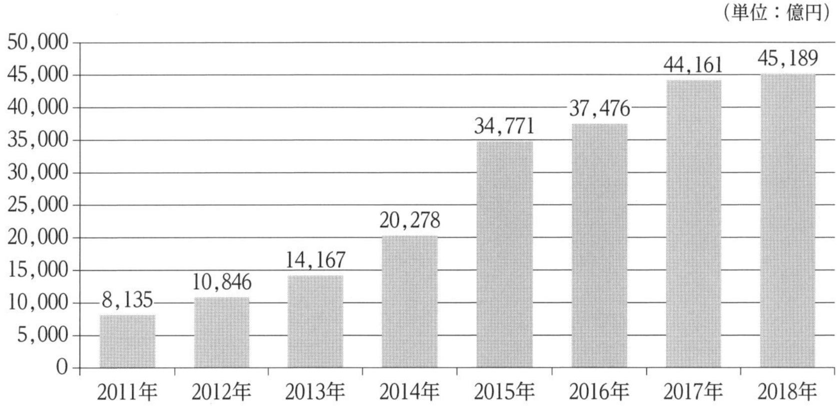

（単位：億円）

出典：国土交通省観光庁データより作成

　持続的なインバウンド市場の拡大を支えているのは，主としてアジア諸国
（地域）からの観光客であり，なかでも中国，韓国，台湾，香港などの国（地
域）からの訪日客による貢献度が大きい。図表3 - 4で示すように，訪日外国
人ランキング上位6カ国（地域）のうち，アメリカを除けば，いずれもアジア
の国（地域）である。特に3,000万人の大台を突破した2018年には，100万人の
訪問者を超えた国（地域）は中国，韓国，台湾，香港，アメリカ，タイの順で

図表 3 - 4　訪日外国人ランキング上位 6 カ国（地域）の推移

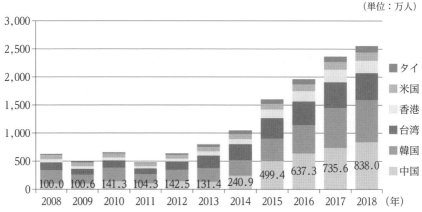

出典：日本政府観光局（JNTO）データより作成

あり，アジア諸国（地域）が日本の観光立国を支えている事実がわかる。なかでも，訪日中国人観光客の増加に目を見張るものがある。2008年以降，100万人台で推移していたが，2015年に一気に500万人に近づき，長年にわたり首位を占めてきた韓国を抜いてトップに躍り出た。その後も毎年100万人増の勢いで2018年の838万人に達し，同年訪日外国人総数の26.9％を占めるに至ったのである。

こうした国別訪日客数と連動して，訪日旅行消費額にもその傾向が反映されている。2018年訪日外国人消費総額のうち，主要国（地域）が占める比率は，中国34.2％，韓国13.0％，台湾12.9％，香港7.4％，アメリカ6.4％，タイ3.1％の順である（図表 3 - 5）。なかでも中国のシェアが格段に高く，日本のインバウンド消費をリードしていることを改めて実感させられる。

また訪日外国人来日後の観光形態もその国（地域）によって，それぞれの特徴がある。トップ 6 を見ると，中国からの観光客は，団体旅行から個人旅行へとシフトしつつあり，特に日本独特の自然景観（桜，雪，富士山，火山など），日本文化に触れる祭りやイベントなどに興味を示している。韓国からの観光客は， 2 泊 3 日など短期で気軽に訪れる若い世代が多く，彼らには日本のドラマ

図表3−5　2018年国籍・地域別の訪日外国人旅行消費額と構成比

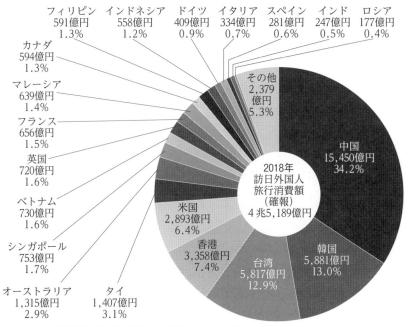

出典：国土交通省観光庁「訪日外国人消費動向調査2018年」

やアニメなどが人気があるため，それらに関連する観光スポットを訪れる人が多い。台湾からの観光客は，特に若い世代は日本のカルチャーへの関心が高く，地方へもよく足をのばしている。香港からの観光客は，世界トップの訪日リピーター率を保持し，個人旅行主体で体験型観光を重視している。また，米国からの観光客は，平均滞在期間が長く，買い物よりも歴史や文化に触れる旅を好むなど，欧米諸国の特徴が端的に表れている。タイからの観光客は，急成長のマーケットとして桜，紅葉，雪などの日本の四季を楽しむ人が多い，といった国別の特徴がみえる。

図表3－6　外国人観光客訪問率上位10都道府県

順位	2013年	2014年	2015年	2016年	2017年	2018年
【1位】	東京都 （44％）	東京都 （51％）	東京都 （48％）	東京都 （51％）	東京都 （46％）	東京都 （46％）
【2位】	大阪府 （25％）	大阪府 （28％）	大阪府 （42％）	大阪府 （34％）	大阪府 （39％）	大阪府 （37％）
【3位】	京都府 （19％）	京都府 （22％）	千葉県 （40％）	千葉県 （32％）	千葉県 （36％）	千葉県 （36％）
【4位】	神奈川県 （11％）	神奈川県 （12％）	京都府 （30％）	京都府 （25％）	京都府 （26％）	京都府 （26％）
【5位】	福岡県 （11％）	千葉県 （12％）	神奈川県 （11％）	神奈川県 （11％）	福岡県 （10％）	福岡県 （10％）
【6位】	千葉県 （10％）	愛知県 （9％）	福岡県 （11％）	愛知県 （10％）	愛知県 （9％）	愛知県 （9％）
【7位】	愛知県 （9％）	福岡県 （9％）	愛知県 （10％）	福岡県 （9％）	神奈川県 （9％）	奈良県 （8％）
【8位】	北海道 （8％）	北海道 （8％）	北海道 （10％）	北海道 （8％）	北海道 （8％）	神奈川県 （8％）
【9位】	兵庫県 （6％）	兵庫県 （6％）	山梨県 （9％）	兵庫県 （6％）	沖縄県 （7％）	北海道 （8％）
【10位】	奈良県 （4％）	奈良県 （5％）	沖縄県 （9％）	沖縄県 （6％）	奈良県 （7％）	兵庫県 （7％）

出典：日本政府観光局（JNTO）

　訪日外国人観光客の訪問先は，観光資源の分布や地理的条件に基づき，東京，大阪，京都，名古屋などの大都市圏，自然系の北海道地域や歴史文化系の九州地域，独特な文化と自然系が融合する沖縄地域などに大別される。訪日外国人観光客数が1,000万人を突破した2013年以降の外国人観光客の訪問率の推移をみると，上位10都道府県（図表3－6）には関東エリアの東京都，千葉県，神奈川県など，関西エリアの大阪府，京都府，奈良県，兵庫県など，中部エリアの愛知県，九州エリアの福岡県，そして北海道と沖縄県などが含まれている。これらの都道府県は，もともと観光地として栄えている場所が多く，人気の観光スポットが海外のガイドブックなどで紹介されているため，自然にプロモー

ションが成立しているケースも少なくない。加えて，空港やターミナル駅が多く，アクセスしやすいなどの利便さを有していることも，訪日外国人が集中しやすい要因として挙げられる。

❸ 「コト」消費とニューツーリズム

　観光庁によると，近年の訪日外国人旅行者の消費動向は，「モノ」消費から「コト」消費へ移行しつつあるという調査結果がある[4]。「モノ」消費とは，商品を購入するという行動や，そのモノで得られる利便性に重点を置いた消費動向を指す。近年では，「モノ」消費が一巡して，サービスを買うことで体験した充実感や感動を得るという「コト」消費が訪日外国人旅行者の中で重視されるようになっている。たとえば，浴衣や着物のレンタル体験，祭りやイベントの参加，温泉巡りなどが「コト」消費に分類される。

　「モノ」消費から「コト」消費に消費動向が移りつつある要因のひとつとして，リピーター客が増えていることが挙げられる。つまり，初回の訪日で好印象を持った観光客が，2回目以降の訪問は観光地を巡るだけの観光よりも，祭りやイベントなどの日本の文化を体験し，できれば観光地のコミュニティに入り，地元住民と交流したいという傾向に変わり，関連する「コト」消費が増えているからである。

　リピーター客の増加に関する観光庁の調査では，2017年，2018年のアジア主要国（地域）の訪日客のリピーター率は，香港（87.7%⇨86.7%），台湾（79.4%⇨81.3%），韓国（63.5%⇨73.3%），タイ（67.2%⇨68.2%），中国（36.7%⇨39.2%）の順である。そのうち，香港が9割近くという高い比率を維持しているほか，台湾，韓国，タイ，中国も軒並みリピーター率の上昇がみられ，同期間の平均リピーター率は66.9%⇨69.7%まで上昇している。一方の訪問者数がトップに立つ中国人観光客のリピーター率はまだ4割近くにとどまっており，今後訪問者数の増加に従ってリピーター率のさらなる上昇が期待される。

図表 3 - 7　アジア主要国（地域）の訪日観光客リピーター率の比較

訪日回数		香港	台湾	韓国	タイ	中国	平均
2017年	1回目比率	12.3%	20.6%	36.5%	32.8%	63.3%	33.1%
	リピーター率	87.7%	79.4%	63.5%	67.2%	36.7%	66.9%
2018年	1回目比率	13.3%	18.7%	26.7%	31.8%	60.8%	30.3%
	リピーター率	86.7%	81.3%	73.3%	68.2%	39.2%	69.7%

出典：国土交通省観光庁「訪日外国人消費動向調査」各年集計結果

　リピーター率の上昇はニューツーリズムの推進と密接な関係がある。ニューツーリズムとは，従来型の出発地で商品化される発地型旅行商品と異なり，受け入れ側の地域が主体となって地域の観光資源を活かした「体験型」，「交流型」の旅行を商品化し，観光客が参加型観光，着地型観光に参加することを通じて，地域の活性化につなげるものである。2007年6月に国土交通省が発表した「観光立国推進基本計画」において，「各ニューツーリズムの促進」として以下の項目がまとめられた[5]。

① 長期滞在型観光の推進

　旅行者ニーズが多様化し，とりわけ地域独自の魅力を生かした体験型・交流型観光へのニーズが高まっており，新たな旅行需要の創出による地域の活性化等のため，地域密着型のニューツーリズムの促進はきわめて重要である。その促進のためには顧客ニーズの把握や旅行商品化に向けたノウハウの蓄積が必要である。また，ニューツーリズム旅行商品は大量規格商品を中心とした現在の旅行市場では流通しにくく，地域発の旅行商品と旅行者を結ぶ仕組みの構築が必要である。

② エコツーリズムの推進

　エコツーリズムとは，自然環境や歴史文化を対象とし，それらを損なうことなく，それらを体験し学ぶ観光のあり方であり，地域の自然環境やそれと密接に関連する風俗慣習等の生活文化に係る資源を持続的に保全しつつ，新たな観光需要を掘り起こすことにより，地域の社会・経済の健全な発展に寄与し，ひいては環境と経済を持続的に両立させていくことにつながるものである。

③ グリーン・ツーリズムの推進

　グリーン・ツーリズムとは，農山漁村地域において自然，文化，人々との交流を楽しむ滞在型の余暇活動であり，農作業体験や農産物加工体験，農林漁家民泊，さらには食育などがこれに当たる。グリーン・ツーリズムの提案・普及を図るため，良好な景観や歴史的風土に恵まれた農山漁村において，都市との交流の取り組みの中心となる人材の育成を支援するとともに，都市住民の農山漁村情報に接する機会の拡大，都市と農山漁村の出会いの場の設定や市民農園，交流拠点施設等の整備を推進する。

④ 文化観光の推進

　文化観光とは，日本の歴史，伝統といった文化的な要素に対する知的欲求を満たすことを目的とする観光である。観光立国の実現のためには，観光による交流を単に1回限りの異文化，風習との出会いにとどめることなく，より深い相互理解につなげていくことが重要である。そのため，外国人留学生等の参加を得て，文化観光モデルツアー等を実施し，外国人に日本の歴史，伝統といった今に生きる文化的な要素をわかりやすく解説するための手法を検討・普及するとともに，日本文化理解の一助ともなる外国人等によるガイドブックの刊行等について情報提供等の支援を行う。

⑤ 産業観光の推進

　産業観光とは，歴史的・文化的価値のある工場等やその遺構，機械器具，最先端の技術を備えた工場等を対象とした観光で，学びや体験を伴うものである。産業や技術の歴史を伝承することや現場の技術に触れることは，当該産業等を生んだ文化を学ぶことであり，将来的な産業発展のためにも重要な要素である。

⑥ ヘルスツーリズムの推進

　ヘルスツーリズムとは，自然豊かな地域を訪れ，そこにある自然，温泉や身体に優しい料理を味わい，心身ともに癒され，健康を回復・増進・保持する新しい観光形態であり，医療に近いものからレジャーに近いものまでさまざまなものが含まれる。旅行の健康への効果・影響の医学的かつ実証的な解明を進めるとともに，それらを含めた旅行中の感染症等への医学的対応等について，一

般旅行者や旅行業者の知識を向上させる。

⑦ その他のニューツーリズムの推進

　フェリー，離島航路等による「普段着の船旅」の魅力向上に向け，国，関係業界が一致協力して，船の認知度向上のための戦略的な情報発信や利用者ニーズにあった旅客商品の開発・販売などを促進する。また，農林漁家民宿，農作業体験や食育教育などに係る新たなメニューやサービスの開発，都市と農山漁村との連携による農山漁村地域において居住者及び滞在者の増加といった観点も踏まえた施設の整備等を総合的に推進するなどである。

図表3－8　2018年度訪日外国人に人気の体験型観光ランキング

	アクティビティ	概要		アクティビティ	概要
1	マリカー（東京都）	公道マリオカート	11	忍者道場　忍者屋敷（京都府）	忍者体験
2	アキバフクロウ（東京都）	フクロウカフェ	12	Cooking School Yuka Mazda（東京都）	料理教室
3	ユカズジャパニーズクッキング（東京都）	料理教室	13	Bicycle Tours Tokyo（東京都）	サイクリングツアー
4	英語通訳案内まちタクシー（京都府）	ガイドツアー	14	Ninjya Food Tours（東京都）	日本食ツアー
5	Kimono Tea Ceremony Maikoya Osaka（大阪府）	着物，茶道体験	15	Kyoto Free Walking Tour（京都府）	ガイドツアー
6	Cycle Kyoto（京都府）	サイクリングツアー	16	Kyoto Samurai Experience（京都府）	サムライ体験
7	マユコズ　リトルキッチンジャパニーズクッキングクラス（東京都）	料理教室	17	トウキョウ　ウォーキングツアーズ（東京都）	ガイドツアー
8	えびす屋　京都嵐山總本店（京都府）	人力車ツアー	18	トウキョウ　アーバンアドベンチャーズ（東京都）	日本食ツアー
9	東京みらくるサイクリングツアー（東京都）	サイクリングツアー	19	SATOYAMA EXPERIENCE（岐阜県）	サイクリングツアー
10	Tokyo FooDrink Tour（東京都）	日本食ツアー	20	オイシイトウキョウ　フードツアーズ（東京都）	日本食ツアー

出典：TripAdvisor 日本

さらに国内外の観光客に新たな地域への来訪動機を与え，地方誘客を図ることを目的に，観光庁が2016年度に発表した「テーマ別観光による地方誘客事業」[6] においては，酒蔵，食，文化財，ロケ地等の特定の観光資源を観光に活用している地方公共団体，観光協会，旅行社及び関係団体等の関係者から構成される複数地域によるネットワークを対象として，観光客のニーズや満足度を調査するためのアンケートやモニターツアーを実施し，これら調査結果等を踏まえた観光客の受け入れ体制強化や共通マニュアル作成，情報発信の強化，シンポジウム開催によるネットワーク拡大等の取り組みを支援することで，観光資源を磨き上げ，地方誘客を図ろうとした。これらの努力によって，図表3－8で示されるような，日本の伝統文化や現代文化，日本食と料理教室，サイクリングと人力車といった多種多様な体験型観光が近年人気の観光資源となっていることがわかる。これは訪日外国人にとって日本の魅力の再発見を促進するだけでなく，各地方自治体が地域の特徴に応じた観光資源を開発する際にも有効とされる。

国内消費の低迷が続く中，訪日外国人が滞在中に使うショッピング代や飲食代，旅行代金などの直接消費，そして，ホテルのサービスや，食事の原材料の仕入れ代などの間接消費のほかに，日本の伝統文化・現代文化，及び地域の特性を反映した活動などの参加による「コト」消費の拡大は，外国人訪問客が日本滞在中の消費拡大という「外からの内需」を定着させることに大きな意味があり，そし国内消費の拡大をけん引する効果にとどまらず，観光産業の発展に伴った地域経済の活性化という，地方創生に資するダイレクトな経済効果が期待される。

4　インバウンドによる地方創生―ニセコ町の事例

近年，各地方自治体は地方創生の切り札として，訪日外国人観光客の誘致拡大に力を注いでいる。なかでもインバウンド誘致に成功している北海道ニセコ町の事例が注目される。ニセコ町は，古くから北海道内の温泉観光地として知られており，ペンションや，スキー場，ホテル，ゴルフ場などの観光施設の建

設が進んでいた。また観光リゾート地として，夏のアウトドアスポーツや冬の
ウィンタースポーツ，インドア体験施設が充実しており，「スキーとニセコ連
峰」が北海道遺産に選定されるほどに観光資源が充実している。そのため日本
国内のみならず国外からも多くの人が訪れている。特にニセコ地域の雪質の良
さがオーストラリア人スキーヤーに知られるようになり，SNS などを通じて
評判が広がると，ヨーロッパ各国からもスキーヤーが訪れるようになった。一
方，夏季にはアウトドアスポーツを楽しむアジア諸国（地域）からの観光客も
多数訪れている。また通年ではインドア体験として陶芸やガラス工芸，及びク
ラフト，そば打ち・燻製・ジャムなどの食品づくり等も訪日観光客からの好評
を博している。

　しかし観光立国キャンペーンが始まった当初，観光客の入り込み数は横ばい
の状態が続いていた。そのため，ニセコ町や周辺地域では，観光振興のために
さまざまな方策に取り組んだ。地域にある豊富な観光資源を生かしきれていな
い，事業者間で共通認識が得られていない，国内外の観光客ニーズに対応しき
れていないといった問題点が判明したため，国の観光立国政策という追い風に
乗って，観光振興のみを実現するのではなく，地域全体の活性化が必要となり，
地域観光振興計画の見直しに着手した。具体的には2009年に「地域全体の経済
力の向上」と「観光客の満足度の向上」をキーワードに，観光客が「住んでよ
し，訪れてよしの持続可能なリゾート地の実現」を目標として（図表 3 – 9），
地域の魅力を最大限に引き出せるように，また地域の総合的な魅力を高めるた
めに観光事業者のみならず，他産業（農業，商業など）に関わる人や町民など
が協働で観光振興に取り組み，連携（地域がつながる）を中心に据えた 6 つの
基本戦略を発表した[7]。

　① 環境との調和〜四季の自然と景観を保持し，調和のとれたリゾート地に〜
　② 人材育成・交流〜人が地域を元気に，人が観光の魅力に〜
　③ 地域資源の活用〜地域価値を高め，地域内経済の活性化を〜
　④ プロモーション活動の強化〜情報管理体制の強化と戦略的活用〜
　⑤ 広域観光の推進〜広域連携による魅力の強化〜

図表3－9　ニセコ町の目標を実現するための考え方

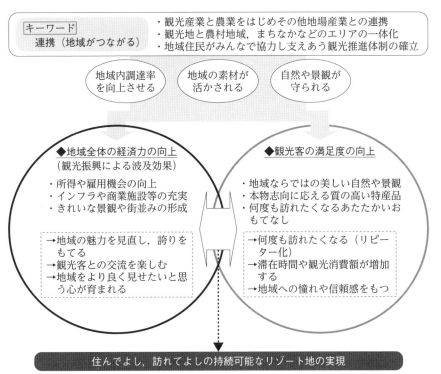

出典：2009年3月「ニセコ町観光振興計画書」
https://www.town.niseko.lg.jp/resources/output/contents/file/release/1624/17840/kanko-keikaku.pdf（2019年8月1日閲覧）

⑥ 受入れ環境の整備～誰もが来訪・滞在しやすい環境づくり～

　これら総合的な観光振興戦略は短期間で成果となって現れた。図表3－10で示されるように、2002年～2008年の外国人観光客数は微増の状態であったが、観光振興計画が発表された2009年から一気に右肩上がりの増加を見せた。同年の外国人観光客数42,052人から、2018年の217,193人に拡大し、10年間で受け入れた外国人訪問客数が5倍以上の増加を実現した。2019年6月現在のニセコ町在住人口は5,001人[8]であり、在住人口1人当たりの受け入れ外国人観光客数は43人という驚異的な数字となっている。ニセコ地域は日本の代表的なイン

図表 3－10　ニセコ町外国人観光客入込状況の推移

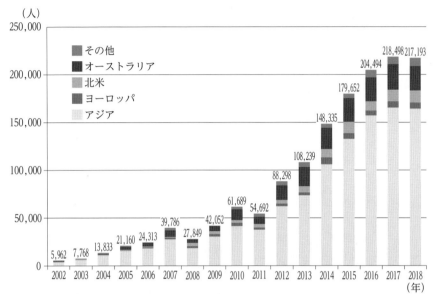

出典：ニセコ町商工観光課
https://www.town.niseko.lg.jp/resources/output/contents/file/release/881/10190/H30_irikomi_foreigner.pdf（2019年8月1日閲覧）

バウンド観光地になっているといっても過言ではなかろう。

　こうした状況の下，近年ニセコ地域では外国資本による別荘やコンドミニアムの開発も進んでおり，外国人スキーヤーや観光客だけでなく，外国人居住者も年々増加している。またこうした外国人観光客のために働く外国人従業員の増加も続いている。地元の学校には外国籍の子供が増え，新たなインターナショナルスクールも作られているという。ニセコはまさに観光立国の恩恵を受けて発展し続けている町であり，日本であって日本でない国際観光地になっている。

　2018年に受け入れた外国人観光客の内訳をみると，トップの中国（59,425人，27.4％）に続いて，香港（29,486人，13.6％），オーストラリア（25,477人，11.7％），台湾（23,038人，10.6％），韓国（19,367人，8.9％），シンガポール

第3章　観光立国の日本とインバウンド観光　55

図表 3 ‒ 11　ニセコ町2018年外国人観光客入込状況の内訳

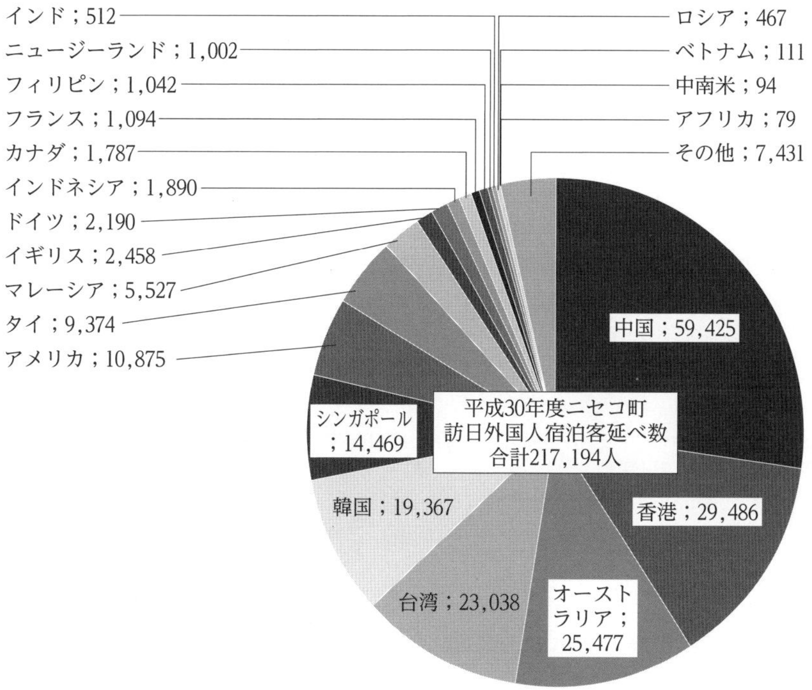

インド；512
ニュージーランド；1,002
フィリピン；1,042
フランス；1,094
カナダ；1,787
インドネシア；1,890
ドイツ；2,190
イギリス；2,458
マレーシア；5,527
タイ；9,374
アメリカ；10,875

シンガポール
；14,469

韓国；19,367

台湾；23,038

ロシア；467
ベトナム；111
中南米；94
アフリカ；79
その他；7,431

中国；59,425

平成30年度ニセコ町
訪日外国人宿泊客延べ数
合計217,194人

香港；29,486

オースト
ラリア；
25,477

出典：ニセコ町商工観光課
　　　https://www.town.niseko.lg.jp/resources/output/contents/file/release/881/10190/H30_
　　　irikomi_foreigner.pdf（2019年 8 月 1 日閲覧）

（14,469人，6.7%）の順になっている。そのうちオーストラリアを除けば，い
ずれも日本の観光立国を支える観光客を供給する主要な国（地域）である。
オーストラリアが 3 位にランクインしているが，大半はニセコの冬のスキーを
満喫する目的の観光客で，なかには長期滞在の観光客も多く含まれているとい
う。
　国際観光は，旅行，航空，宿泊，飲食，土産品，娯楽など，さまざまな業界
が複合的な関係を構築し，関連行政も運輸，消費者保護，文化財保護や環境保
護，出入国管理など，多種多様な事業体が絡んでおり，互いの協議，協力が不
可欠である。ニセコ町における外国人観光客の誘致拡大には，これらの関連業

界と行政との間の効果的な連携による，明確なビジョンの確立，総合的なデザイン，そして，トータルコーディネータのもとでの展開があったからといえる。ニセコ町の成功事例をほかのインバウンドによる地方創生を目指す地方自治体に広げることができれば，日本のインバウンド観光は一層の発展を遂げることも決して夢ではなかろう。

注

1）2009年12月30日閣議決定「新成長戦略（基本方針）について」より。
2）国土交通省観光庁2016年 3 月31日発表。https://www.mlit.go.jp/kankocho/topics01_000205.html（2019年 5 月16日閲覧）より。
3）国土交通省観光庁―旅行・観光消費動向調査　2018年年間値（確報）より。
4）国土交通省観光庁 https://www.mlit.go.jp/kankocho/news05_000256.html（2019年 5 月16日閲覧）より。
5）国土交通省観光庁 http://www.mlit.go.jp/kisha/kisha07/01/010629_3/01.pdf（2019年 4 月25日閲覧）より。
6）国土交通省観光庁 https://www.mlit.go.jp/kankocho/shisaku/kankochi/theme_betsu.html（2019年 4 月25日閲覧）より。
7）2009年 3 月「ニセコ町観光振興計画書」
　　https://www.town.niseko.lg.jp/resources/output/contents/file/release/1624/17840/kanko-keikaku.pdf（2019年 8 月 1 日閲覧）より。
8）ニセコ町 HP　https://www.town.niseko.lg.jp/（2019年 8 月 1 日閲覧）より。

マスツーリズムの中国と アウトバウンド観光

第 **4** 章

1978年以降推進された「改革・開放」路線の一環として，一般国民が日本を含め，諸外国へ行けるようになったが，それは留学，公務，親族訪問などの目的に限られていた。1980年代には香港，マカオ，タイへの親族訪問が本格的に始まった。中国人の海外旅行の自由化，すなわち本格的なアウトバウンド観光が認められたのは，1990年代以降である。そのプロセスは，まず近隣諸地区や東南アジア諸国へのアウトバウンド観光を自由化し，その後アジア全土，オセアニア，欧州，米州と徐々に国・地域を広げていった。自由化を機に，これまで規制によって抑えられていた国民の海外旅行の欲求は一気に解放され，大都市の住民が真っ先に世界各地への国際観光を楽しめるようになり，続いて地方都市にも広げられるようになった。今日，世界の主要観光地にとっては，中国人観光客が欠かせない存在となりつつあり，中国国民が一斉にアウトバウンドを楽しむ時代に突入した様相を呈している。

1 マスツーリズムの時代

日本を訪れる中国人観光客増加の背景には，中国におけるマスツーリズム時代の到来があると考えられる。マスツーリズムとは第二次世界大戦後にヨーロッパやアメリカなどで生まれた現象であり，一般大衆が自由に国内外の観光や旅行を楽しむ，観光や旅行の大衆化を指す。第二次世界大戦後，欧米の先進諸国は真っ先に経済復興をとげた。生産性の向上が経済成長を促進し，社会は大量生産と大量消費の時代に入り，一般大衆の生活水準は向上していった。大型旅客機の登場は，大陸間の旅行をより一層便利にし，富裕層に限られていた国際的な移動は幅広く大衆にまで拡大した。経済的および技術的な背景に加え

58

て，ヨーロッパおよび米国では，一般国民に旅行を普及させるため休暇に関する法律および政策を打ち出していった。1964年の東京オリンピックを機に，日本にも海外旅行ブームが到来し，世界との距離が縮まることとなった。

　中国ではヨーロッパ，アメリカ，日本などの諸先進国の発展経験に対する広範な研究が行われ，特に経済成長に伴う国民の余暇の過ごし方に関する研究では，やがて大衆観光の時代が到来するという結論に達した。特に国民の海外観光のニーズに合ったアウトバウンドの推進に関するさまざまな規制緩和策が打ち出されるようになった（図表4－1）。

　まず1983年に「親族訪問」の実験として，広東省から40人の観光団体が香港へ出発した。翌年，国務院は香港・マカオへの観光・親族訪問を正式に許可した。続いて1990年10月にシンガポール，マレーシア，タイの親族訪問に限定して，観光が許可された。しかし「海外親族訪問」を目的とした観光は，行き先

図表4－1　中国アウトバウンド政策推進年表

年代	政策内容	政策特徴
1981年	国務院による観光発展推進のための8つの規則が策定。	外貨の獲得のために，インバウンドを促進する方針。
1983年	40人の観光ツアーが香港へ，「親族訪問」という形でアウトバウンド観光を開始。	中国で初めての海外団体観光。「親族訪問」と「近隣国の観光」を中心に試験的に実施。
1984年	マカオへの観光を開始	
1990年	シンガポール，マレーシア，タイの観光を開始。	
1987年	遼寧省から北朝鮮間への日帰り観光，内モンゴル自治区からモンゴル共和国への短期観光，ロシアへの「近隣国の観光」を開始。	
1997年	「中国公民自費出国旅遊管理暫行弁法」策定。	政策的にアウトバウンド観光を開放。観光客が団体客を中心とする。訪日旅行社は指定。
2002年	「中国公民出国旅遊管理弁法」策定。	
2013年	「中華人民共和国旅行法」策定。	計画的に促進しながら，観光客を保護する方針。
2019年	「中華人民共和国電子商務法」施行。	観光客が海外で購入した商品の転売を規制するのが目的。

出典：中国政府発表各種資料より作成

の国々にいる親族らからの旅行資金および身元保証が義務づけられていた。しかもアウトバウンド業務が許可される旅行会社は限定され，強い規制があった。

他方「近隣国への観光」として，1987年政府は遼寧省から北朝鮮間への日帰り観光を許可し，関連する法律も発表した。「近隣国への観光」とは中国と国境を隣接する国との間で行われる観光活動を指す。これにより内モンゴル自治区からモンゴル共和国間への短期観光，中国からロシアなどの隣国への短期観光を許可し始めた。これは自費観光の拡大の始まりともいえる。ただし初期のアウトバウンド観光における観光目的地は，非常に限られた地域であり，かつ査証審査が厳しく，申請手続きも複雑な事項が多かった。

中国国民のアウトバウンド観光の自由化は，1997年に発表された『中国公民自費出国旅游管理暫行弁法』[1]に基づいていた。これを機に中国政府に承認された出境目的国・地域への自費団体旅行が正式に許可された。ただしこの場合，中国人の外国旅行は観光目的の渡航先は完全に自由に選択できるわけでなく，観光目的対象（ADS）国[2]と称される国々に限定されていた。

『中国公民自費出国旅游管理暫行弁法』により，自費海外旅行の需要が急速に拡大したため，中国政府はアウトバウンド観光業務を行う国際旅行会社に対する緩和策も導入した。それによって，国際旅行社数は1990年の9社から528社に増加し，観光目的地（ADS）国も次第に拡大していった。さらに2002年7月，政府はアウトバウンド観光事業をより一層拡大させるために，『中国公民出国旅游管理弁法』[3]を施行した。これは1997年に発表した『中国公民自費出国旅游管理暫行弁法』に比べると，アウトバウンド観光に対する規制が大幅に緩和された内容となる。この時期のアウトバウンド観光の大きな特徴は，団体観光を中心にしつつも，個人観光の拡大も視野に入れるという政策を採用した。

さらに2013年に中国初の旅行に関する法律である『中華人民共和国旅行法』[4]が施行された。同法の目的は，旅行者及び旅行業者の権利と利益を保障し，旅行市場の秩序を確立し，観光資源を保護しながら合理的に活用して，旅行業の健全な発展を促すことにある。この法律の制定により，悪質な低価格競争を行っていた旅行業者への規制が強化され，旅行代金の適正化，旅行業務の規律

化を通して，観光客の保護及び観光行動の適正化も図られた。実際に旅行社を中心とする観光業者は適正化を遵守することにより，インバウンド及びアウトバウンド観光の料金を一斉に値上げする傾向が表れた。他方，アウトバウンド観光に限っては，① 観光商品の充実，② 情報の透明化，③ 団体観光から個人観光へのシフトの効果も期待される。同旅行法の制定にあたり，政府は組織的かつ計画的にコントロールしながら，適度な発展をさせるという方針を示し，アウトバウンド観光の健全な発展が強調されている。これらの法整備により中国人アウトバウンド観光の健全化が図られると同時に，行き先国（地域）の数（ADS）も大幅に増えた。2018年末現在中国人観光客が世界130カ国（地域）への自由旅行が認められるようになり[5)]，世界の主要観光地に中国人観光客がアウトバウンド観光を楽しむ様子を目にすることができる。

　一方，中国人観光客が世界各国での旅行を楽しむと同時に，帰国時，大量の観光土産を買って帰る人が目立つ。なかには転売を目的とする「代購」と呼ばれる個人ブローカーも多く含まれる。これらの個人ブローカーが「微商」といわれるように，海外で買い込んだ商品をSNSアプリ等を利用しての転売が横行していた。そのため，アウトバウンド観光の健全化と個人による電子商取引の法整備の強化を目的に，政府は2019年から『中華人民共和国電子商務法』[6)]（新EC法）を施行した。同法の下，代理購入業者は個人であっても「電子商務経営者」と定義され，中国国内での登録と納税が必要となる。新EC法は，外国で買い付けした商品を転売する個人の代理購入者と，インターネットを活用して商品を販売するすべての者が適用対象となるため，観光土産の転売を目的とした海外旅行が大幅に減り，中国人観光客のイメージの改善につながる効果が期待される。

❷　アウトバウンド市場の拡大とその要因

　海外旅行が中国国民の中で急速に普及していく背景には，① 経済的なゆとり，② 海外旅行の自由化，③ 長期休暇の取得可能という３つの要因があげられる。

経済的なゆとりに関しては，30年以上にわたる高度成長は一般国民の所得増加をもたらし，海外旅行という金銭的なゆとりが生まれたことである。特に上海，北京，広州などの大都市では，１人当たりのGDPが早くから１万ドルを超え，海外旅行が可能な所得水準を超えていた。また，全国民の平均所得水準を見ると，海外旅行が可能な所得水準といわれる3,000ドルを超えたのは2008年以降である。図表４－２で示すように，2018年度現在の１人当たり平均GDPは9,633ドルに達し，全国民が自由に海外旅行を楽しめる時代に突入しているといっても過言ではない。

図表４－２　中国人１人当たりGDPと中国人アウトバウンド観光客数の推移

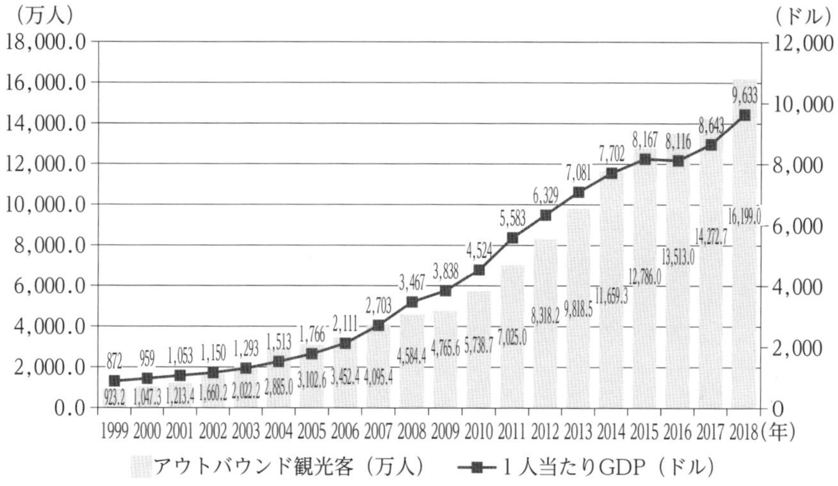
（万人）
（ドル）
18,000.0
16,000.0
14,000.0
12,000.0
10,000.0
8,000.0
6,000.0
4,000.0
2,000.0
0.0
12,000
10,000
8,000
6,000
4,000
2,000
0
872 959 1,053 1,150 1,293 1,513 1,766 2,111 2,703 3,467 3,838 4,524 5,583 6,329 7,081 7,702 8,167 8,116 8,643 9,633
923.2 1,047.3 1,213.4 1,660.2 2,022.2 2,885.0 3,102.6 3,452.4 4,095.4 4,584.4 4,765.6 5,738.7 7,025.0 8,318.2 9,818.5 11,659.3 12,786.0 13,513.0 14,272.7 16,199.0
1999 2000 2001 2002 2003 2004 2005 2006 2007 2008 2009 2010 2011 2012 2013 2014 2015 2016 2017 2018（年）
アウトバウンド観光客（万人）
１人当たりGDP（ドル）

出典：アウトバウンド人数は『中国統計年鑑』各年版より作成。１人当たりGDPはIMF

海外旅行の自由化に関しては，既述のように，政府が本格的に認めたのは90年代以降である。その目的地は東南アジア諸国から始まり，アジア全土，オセアニア，欧州，アメリカへと徐々に国・地域を広げていった。これまで規制によって抑えられていた国民の海外旅行への欲求は自由化を機に一気に解放され，大都市の住民から，地方都市住民にも世界各地へのアウトバウンド観光を楽しめるようになった結果，今日，世界の主要観光地にとって，中国人観光客が欠

かせない存在となりつつある。

　中国人アウトバウンド観光ランキング（図表4－3）から以下の特徴を読み取れる。2000年代は，中国の特別行政区である香港とマカオが上位に位置し，親戚訪問を兼ねての観光が多かったことが背景にある。特に1997年の香港中国返還，1999年のマカオ中国返還により，両地域は中国との結びつきが強まったことから，さらに訪問者が増え続けていた。一方，外国に着目した場合，1位，2位の香港とマカオを除けば，日本はほぼ実質的な1位であり，この傾向は2018年日本が1位になるまで続いている。この背景には既述の日本政府による対中ビザ緩和効果が表れたものである。東南アジア諸国は2015年から2017年のタイを除き，日本よりもランキングの下位にとどまっているが，中国との地理的な近さから，手軽に海外旅行に行けるメリットがあったため，毎年観光客の好きな海外訪問上位国になっている。一方，政治的な影響が目立ったのは韓国であった。韓流ブームの影響を受けて，中国の若者を中心に多くの観光客が韓国を訪れ，2015年初めてトップに立ったかと思えば，米THAAD配備などの政治的要因により，2017年に一気に9位に下がった。2018年に入ると，目立った変化はフランス（4位），ドイツ（10位）がランクインしたことである。中国

図表4－3　中国人アウトバウンド観光上位10カ国（地域）

年次	2000	2005	2010	2015	2016	2017	2018
1	香港	香港	香港	韓国	タイ	タイ	日本
2	マカオ	マカオ	マカオ	タイ	韓国	日本	香港
3	タイ	日本	日本	日本	日本	シンガポール	米国
4	ロシア	ベトナム	韓国	カンボジア	インドネシア	ベトナム	フランス
5	日本	韓国	台湾	米国	シンガポール	インドネシア	オーストラリア
6	韓国	タイ	ベトナム	マレーシア	米国	マレーシア	マカオ
7	米国	シンガポール	米国	ベトナム	マレーシア	フィリピン	韓国
8	シンガポール	マレーシア	マレーシア	シンガポール	モルディブ	米国	タイ
9	北朝鮮	オーストラリア	タイ	ロシア	ベトナム	韓国	シンガポール
10	オーストラリア	ミャンマー	シンガポール	オーストラリア	フィリピン	モルディブ	ドイツ

出典：『中国旅游統計年鑑』各年版

人観光客が数多くヨーロッパを訪問するようになったことの影響の表れといえる。

　長期休暇の取得可能に関しては，「假日経済」（バカンス経済）という言葉が生まれたように，消費拡大と国民の余暇を楽しむという政府方針のもとで，年に3回7日以上の大型連休（春節，5月メーデー，10月国慶節）を導入している。これは，経済成長に伴う国民幸福度の向上と，旅行消費の拡大によるバカンス消費市場の創出という効果が期待されるだけでなく，今日，和諧社会（調和のとれた社会）を目指す中国においては，国民長期休暇の普及による心身のリフレッシュは，社会の安定にも寄与するものと考えられている。

　上記のようにアウトバウンド観光市場の形成に欠かせない金銭的要因，制度的要因，時間的要因の3つをすでにクリアした中国国民にとっては，海外旅行は次第に身近な存在になっていく。海外旅行者数に関しては，2000年には1,000万人の大台を突破した後，2003年に2,000万人，2005年に3,000万人を突破し，そして，2013年1億人に近づいた後，2018年には1億6,000万人にまで拡大した（図表4−2）。その間，2005年までは平均3年間で1,000万人が新たにアウトバウンド観光市場に加わるという計算であったが，その後は平均で毎年1,000万人ずつ増加しており，成長の勢いがとどまることを知らない様相を呈している。この事実から，中国人観光客の勢いは世界のアウトバウンド市場を牽引していることをうかがい知ることができよう。

❸　中国人アウトバウンド観光の特徴

　上記の考察に基づき，中国人アウトバウンド観光の特徴は下記のようにまとめられる。

⑴　近隣国・地域への選好と，短期から長期へのシフト

　既述のように，中国人が海外観光旅行に行けるようになったのは1980年代からである。「改革・開放」以降，まず近隣諸国との国境が開放されるようになった。これを機に，国境地帯の在住者による国境観光が始まり，国民の往来

が増加しだした。なかでも，国境が隣接している韓国，ベトナム，ロシア，北朝鮮，また境界が隣接している香港，マカオなどの地域に加え，一衣帯水の海域で結ばれる日本などが中国人の主要な海外観光旅行の目的地になっている。

中国人に旅行先として優先的に選ばれる要因としては，まず距離的に近いことがあげられる。ヨーロッパやアメリカより相対的に旅行代金が安いという「経済的要因」が働いているからである。第2に同じ漢字文化圏で，親近感を持ちやすいことがある。特に華僑の多い近隣国では同じ中国文化の影響を受けているという「文化的要因」があげられる。第3に日本を含めてビザの取得が比較的に容易になり，なかにはビザなし，または条件つきのビザなしで観光旅行ができる国が増えるなど，「受け入れ体制改善の要因」があげられる。第4の要因としては，中国経済の発展のきっかけは東南アジア諸国の華僑，香港，台湾の資本に負うところが大きく，周辺諸国との経済関係が深く結ばれている。そのため，経済活動を行う一方，観光も兼ねるケースが多いという「ビジネス

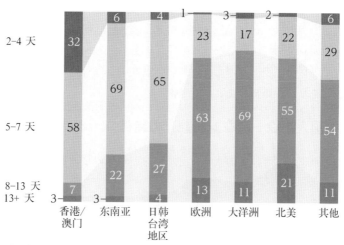

図表4－4　中国人アウトバウンド観光滞在日数（2018年）

出典：2018年麦肯锡中国出境游客调查研究
https://www.mckinsey.com.cn/wp-content/uploads/2018/09/McK_China-tourism-report-2018_CN.pdf（2019年5月10日閲覧）

第4章　マスツーリズムの中国とアウトバウンド観光　65

業務上の要因」が働いている。

　一方，近年になってから数日間の多国周遊観光のパターンから，一国（地域）にとどまってゆっくり見たいという「一国（地域）観光の時代」へとシフトしつつある。単純な観光旅行から，自由にバカンスを過ごす体験型の旅行へと変化する市場動向の変化と捉えられる。1997年から週5日勤務，そして，1999年より年間数回の大型連休が導入され，これを機に国民が年間114日間の休日が楽しめるようになり，国内外の観光旅行や休日レジャーという新しい休暇生活を楽しむことが可能になり，合わせて期間の長い海外旅行にもいけるようになった。この傾向は，2018年中国人アウトバウンド観光滞在日数（図表4-4）から確認される。同図表では，近隣のアジア地域では，相対的に短期間が多いが，それでも5～7日は全体の6割以上を占め，8～13日の約3割を入れると，全体の9割以上の観光客が中長期間のアジア旅行を楽しんでいる実態がわかる。

　同様な傾向は，特に訪日中国人観光客に顕著に表れる（図表4-5）。2017年訪日外国人の滞在日数のうち，4～6日間は53.9%，7～13日間は29.3%に対して，中国人は同53.0%と43.2%である。4～6日間の滞在は他の国と差はないが，7～13日間の滞在は中国の比率が絶対的に高く，その分は中国人観光客が観光地のコミュニティに入り，居住者との交流の機会が多くなることが可能になると推察される。

　近年，都市部の富裕層を中心に，休暇の過ごし方は観光旅行に行くか行かないかではなく，どこへ行くかという選択に悩む人が増えつつある。80年代や90年代生まれの人たちは，中国経済の発展とともに成長し，もっとも発展の恩恵を受けている世代である。彼らは海外の流行やライフスタイル，文化，物質の豊かさに強い憧れと関心を抱き，長期海外旅行の主力層として存在感を増しつつある。

　アウトバウンド観光はすでに国民余暇生活の不可分の一部になっており，海外旅行者数の推移からも，いまの中国は大衆海外旅行の時代に入り，マスツーリズムの段階にあるといってもよい。20世紀末の1999年には1千万人未満で

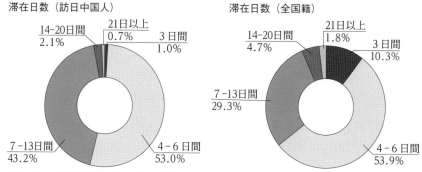

図表4－5　訪日中国人観光客の滞在日数（2017年）

出典：国土交通省観光庁「訪日外国人消費動向調査2018年」

あったものが，21世紀に入ってから急速な発展をとげた結果，2018年に1.6億人に達し，同期間に約17倍増となった。この増加し続けるアウトバウンド観光客のほとんどが休暇等を利用した出国者であり，短期海外旅行者が主要な参加層として維持しつつあるが，長期海外旅行を楽しむ層が着実に増えつつあり，日本をはじめ世界各国の観光地のコミュニティに入り，居住者との交流を深めていくことが期待される。

(2) **都市部出身者は主力層**

　中国の都市部と農村部では，まだ大きな地域間経済格差が残っており，この格差はアウトバウンド観光参加者の出身地から反映される。図表4－6で示すように，海外旅行客を送り出す上位都市は上海に続いて，北京，大連，広州，天津，青島，杭州，成都，南京，アモイなどの沿海部に立地する所得の高い都市に集中しており，そのほかには国境に近いハルビン，昆明，長春などの都市と，所得が中上レベルに位置する西安，深圳，福州，武漢，重慶，南京などの都市である。

第4章　マスツーリズムの中国とアウトバウンド観光　67

図表4-6　海外旅行参加中国人の主要出身都市

年・順位	1	2	3	4	5	6	7	8	9	10	11	12	13	14	15	16	17	18	19	20
2014年	上海	北京	大連	広州	青島	瀋陽	天津	アモイ	成都	西安	ハルビン	杭州	福州	武漢	長春	重慶	南京	昆明	煙台	深セン
2015年	上海	北京	大連	広州	青島	瀋陽	天津	アモイ	杭州	成都	西安	ハルビン	福州	武漢	南京	長春	重慶	深セン	鄭州	長沙
2016年	上海	北京	広州	大連	青島	天津	瀋陽	杭州	成都	アモイ	福州	深セン	武漢	ハルビン	西安	南京	重慶	長春	鄭州	長沙
2017年	上海	北京	大連	広州	青島	天津	杭州	成都	瀋陽	アモイ	深セン	福州	南京	武漢	ハルビン	西安	重慶	長春	鄭州	長沙
2018年	上海	北京	大連	広州	天津	青島	杭州	成都	南京	瀋陽	アモイ	福州	深セン	武漢	ハルビン	西安	重慶	煙台	鄭州	長春

出典：Travelport Airline Insight システムの校正された MIDT データより作成

　この傾向から中国人海外旅行の送り出し市場には強い地域性が反映しているといえる。つまり数千元（1元約15円）以上を要する高価な海外観光旅行ができるのは，都市部の比較的裕福な人々が中心となる。そのため，経済的に豊かな地域で優先的に海外観光旅行の恩恵を受ける層が多く占める理由となる。一方の国境に近い都市の場合，安・近・短（安い，近い，旅行期間が短い）という低コスト海外旅行参加のメリットがあり，これらを活かして，もうひとつのアウトバウンド市場を作り出している。

(3)　アウトバウンド観光消費額は世界一

　世界観光機関（UNWTO）によると，中国人アウトバウンド観光客が海外旅行で消費した金額は2,577億ドル（約29兆円）で世界トップであると発表された。レポートによると，2017年の世界の観光収入は計1兆3,400億ドル（約150兆円）で，中国人旅行者の消費は全体の2割を占めるという計算になる[7]。このような中国人観光客の消費行動は，日本のインバウンド消費にも同様の傾向がみられる。2018年訪日外国人の消費総額の4.5兆円のうち，国・地域別にみると，中国は1兆5,450億円（34.2%）で最も多いと観光庁の発表がある[8]。

　各種調査結果によると，多くの中国人は海外旅行の楽しみとしてショッピングを優先的にあげている。旅行参加者の買い物は，自分や家族のためだけでなく，親族や友人たちに頼まれて購入するケースが多い。中国人にも土産贈答の風習があり，旅先で購入した記念品は自分の旅行の思い出としてだけではなく，親族や友人に分け合うことも楽しみのひとつになっている。

68

図表4－7　訪日中国人観光客1人当たりの消費金額と他の国との比較

(単位：円)

年	各国平均	中国	台湾	香港	韓国	米国
2015年	176,167	283,842	141,620	172,356	75,169	175,554
2016年	155,896	231,504	125,854	160,230	70,281	171,418
2017年	153,921	230,382	125,847	153,055	71,795	182,071
2018年	153,029	224,870	127,579	154,581	78,084	191,539

出典：国土交通省観光庁「訪日外国人消費動向調査」各年度報告書

　図表4－7は，近年の訪日中国人観光客の消費金額を他の国（地域）と比較している。これによれば，中国人観光客の1人当たりの旅行支出額は各国平均（中国人を含む）の1.5から1.6倍であるが，中国人を含まない場合，その他の国の平均の2倍近くなる。高い観光消費の動向を訪日中国観光客1人当たり旅行支出の費目別構成比（図表4－8）でみると，宿泊費と飲食費の比率が微増であるのに対して，娯楽等サービス費の比率は2015年の2.2％から2018年の3.6％に上昇し，中国人観光客の「コト」消費に使用される金額が増えつつあることがわかる。代わりに買い物代は同期間の57.1％から49.9％に低下した。それで

図表4－8　訪日中国人観光客1人当たり旅行支出と構成比

(単位：円)

年	総　額	宿泊費	飲食費	交通費	娯楽等サービス費	買物代	その他
2015年	283,842	50,116	42,307	21,908	6,308	161,973	1,230
	100.0%	17.7%	14.9%	7.7%	2.2%	57.1%	0.4%
2016年	231,504	44,126	38,943	19,917	5,014	122,895	609
	100.0%	19.1%	16.8%	8.6%	2.2%	53.1%	0.3%
2017年	230,382	47,690	38,285	18,295	5,550	119,319	1,243
	100.0%	20.7%	16.6%	7.9%	2.4%	51.8%	0.5%
2018年	224,870	47,854	39,984	16,834	7,998	112,104	95
	100.0%	21.3%	17.8%	7.5%	3.6%	49.9%	0.0%

出典：国土交通省観光庁「訪日外国人消費動向調査」各年度報告書

も旅行消費総額に占める買い物代は平均50％を超えるほどの高い比率を示し、中国人観光客の強いショッピング志向をうかがい知ることができる。

　買い物代のうち、近年、特に菓子類が訪日中国人観光客の嗜好品になっている。図表4-9に示されるように、2014年以降の菓子類消費額は年々拡大の勢いを見せており、2014年の835億円から2018年の1,639億円へと倍増している。そのうち訪日中国人観光客の購入額は2位以降の他のアジア諸国（地域）に比べると、格段に多いことがわかる。

図表4-9　菓子類の国別購入金額の推移

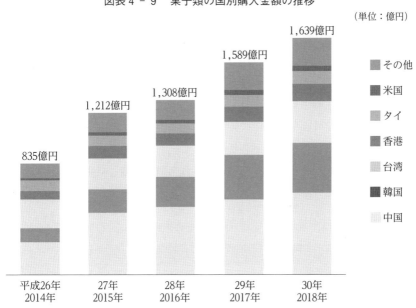

出典：国土交通省観光庁「訪日外国人消費動向調査」を基に農林水産省推計

(4) 個人旅行がアウトバウンド観光を牽引する

　アウトバウンド観光客の旅行形態は団体と個人に分けられるが、2000年以降の海外旅行の本格化は団体旅行から始まった。理由は主として次の事情が考えられる。第1に、出国のためのパスポート申請や、旅行先の国のビザの取得な

どの手続きが煩雑で，個人でするよりも団体に加わって旅行代理店にやっても
らった方が楽であり，特に国によっては個人旅行ビザの取得が困難であったこ
とが挙げられる。第2に，はじめて外国を旅行する人が多く，高齢の旅行者の
中には安全，安心などの視点から団体旅行を好む者が多かったこともある。第
3に，海外の観光事情がわからず，観光名所や各種文化施設へ行くには観光ガ
イドによる説明を受けたほうが効果的である。

　この傾向はアウトバウンド観光のリピーターが増えるようになると，少しず
つ変わり始める。数字的には2015年以降，団体ツアーが減少傾向にあり，代わ
りに個別手配旅行が増えるようになった（図表4-10）。2013年には39.7%で
あった個人旅行の比率は2016年には54.9%に上昇し，初めて半数以上の人が個
人旅行を選ぶようになった。2018年にはアウトバウンド観光客の6割以上に
至っている。急増する個人旅行者の背景には，IT技術の発展による個人手配
旅行の利便性の大幅アップ，そしてスマートフォンにダウンロードした翻訳ア
プリの普及により外国語の壁がなくなりつつあるなど，個人海外旅行の不便さ
が大幅に解消されたことが考えられる。また，個人旅行者の増加は，中国人ア
ウトバウンド観光客の観光地居住者との触れ合いの時間と機会の増加を意味し
ており，これにより一層親密な交流が期待される。

図表4-10　中国人海外旅行形態の比率（2013〜2018年）

中国観光客	2013年	2014年	2015年	2016年	2017年	2018年
団体ツアー	60.3%	61.1%	56.2%	45.1%	38.2%	36.2%
個人旅行	39.7%	38.9%	43.8%	54.9%	61.8%	63.8%

出典：国土交通省観光庁「訪日外国人消費動向調査」各年度報告書

4　急増する訪日中国人観光客の捉え方

　訪日中国人観光客が増え続けている。これらの急増の要因に関して，日本政
府観光局（JNTO）が2017年に発表した「外国旅行の動向（中国）」[9]の分析を
参考に，以下のように整理する。

第4章　マスツーリズムの中国とアウトバウンド観光　71

(1)　一般消費者の志向の変化

　近年，中国の一般消費者の間では，堅実で安定した生活を望む傾向が見られる。経済成長の減速，住宅・教育への負担の増大，高齢化社会の進行にともなう老後の生活設計への不安の高まりなどがその背景にある。その結果，生活面で安定性のある公務員が若者の人気就職先として注目を集めている。「中国工薪階層信貸発展報告」[10]によると，中国のサラリーマンの平均世帯年収は251.6万円（15.4万元）であり，非サラリーマン世帯の平均世帯年収129.1万円（7.9万元）の約2倍に相当している。今後サラリーマン層を中心に訪日旅行のすそ野の一層の広がりが期待できることを示唆している。

　訪日中国人観光客の動向をみると，スマートフォンの普及に伴ったSNSによる観光情報の交換とモバイル決済が不可欠な手段となっている。中国では近年，固定電話の契約数が減り続けるのに対して，携帯電話（スマートフォンを含む）の契約件数は増え続け，2018年末現在，契約総数は15億7,000万件で，普及率は112.2％となり，国民1人が1台以上の携帯を保有している計算になる（図表4-11）。

図表4-11　中国の固定電話と携帯電話普及率の推移

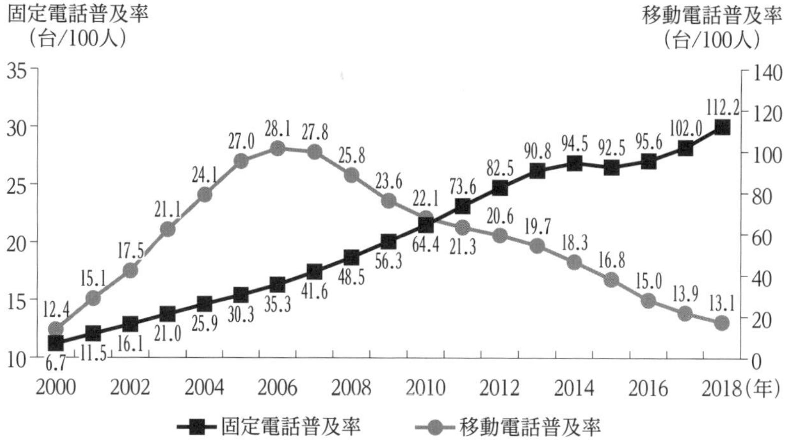

出典：工業和信息化部「2018年通信業統計公報」より作成

スマートフォンは2010年代に情報収集や通信のみならず，ショッピングの決済手段としても不可欠な存在となった。経済産業省が2018年４月に発表した「キャッシュレス・ビジョン」[11] によれば，世界各国のキャッシュレス決済比率のうち，日本は18.4％と低いのに対し，中国では60.0％ときわめて高水準であり，訪日旅行中にスマホなどによるキャッシュレス決済を希望する中国人旅行者は同程度か，あるいはさらに多いのではないかと考えられる。観光庁の「訪日外国人消費動向調査」（2017年）によると，「中国人観光客が訪日旅行中に役立った旅行情報源」として，スマートフォン（70.9％）が第１位を占めている[12]。

スマートフォンの普及と共に，モバイル通信規格が「3G」，「LTE」，「4G」へと進化し，やがて世界に先駆けて「5G」の普及も図られている。通信の高速化・大容量化により，動画や音楽の視聴，一般ユーザーのブログ・SNS（旅行関連を含む）への投稿や閲覧などが増加している。旅行情報の収集も，旅行サイトの数から利用者の多さが計り知れる。中国の携帯電話・スマートフォンは，SIMフリーになっており，SIMカードの差し替えが自由にできることから，外国旅行の際にも旅行先で使える仕様のSIMカードを購入して，個人のスマートフォンでインターネットに接続している人が多い。またWi-Fiルー

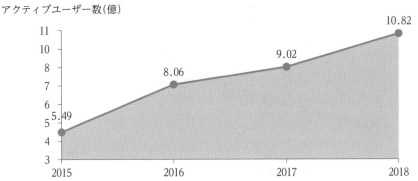

図表４-12　ウィーチャットアクティブユーザ数の推移

出典：騰訊（テンセント）の発表より

ターをレンタルしたり，Wi-Fi 環境がある場所で使用するなど，旅行先での通信手段を確保するケースがほとんどである。

　中国で一般消費者に特によく使われている SNS は，「微博（ウェイボー）」と「微信（ウィーチャット）」である。微信の運営会社である騰訊（テンセント）の発表によると，2018年末時点での微信（ウィーチャット）のアクティブな利用者数は10.82億人に上った（図表 4 - 12）。スマートフォン利用者の大半が利用していることから，SNS は訪日中国人観光客にとって不可欠な情報インフラになっているに違いない。

　中国人は SNS を日常的に利用している。特によく使われている SNS のチャットアプリ微信（ウィーチャット）は情報収集・情報交換の手段としてのみならず，微信支付（ウィーチャットペイ）というキャッシュレス決済システムも利用でき，注文や決済を行う手段としての利用も広まっている。キャッシュレス決済のアプリとしてはアリババ社が運営する支付宝（アリペイ）もよく使われている。

　モバイル決済サービスは，スマートフォンの種々のアプリと連動し，飲食，買い物，公共サービスなどの場面でも支払いを，現金を使わずに済ますことができる。モバイル決済は，日本でもコンビニなどを中心に利用できる場所が増えてはいるが，幅広く利用できないことから，訪日中国人が日本滞在中に不便さを感じる場面が多いと考えられる。キャッシュレス決済はこれからの世界が進む方向であり，その流れに乗り遅れることは日本にとって大きな機会損失となりかねない。日本がキャッシュレス決済を積極的に導入することで当面の不便さが解決されて喜ぶのは中国人観光客かも知れないが，長期的視点に立てば最大の受益者は日本人である。日本でもモバイル決済ができる環境を早急に整えることが求められている。

(2) 訪日中国人観光客に対する考え方

　経済発展に伴った所得の上昇，ビザの緩和，海外旅行料金も価格競争で下がったことなどから，中国人が旅行へ出かけやすくなってきている。国内のイ

ンフラも高速鉄道網や空港・航空路線網が整備され，オンライン予約の普及，格安航空券の流通増などを背景に，行き先の遠距離化や多様化が促進され，国内外を問わず，旅行需要が拡大してきた。

　中国の人口は13億9,008万人（2017年末）で，そのうち，都市部の常住人口は8億1,347万人（58.5%），農村部の常住人口は5億7,661万人（41.8%）であった[13]。このうち休日に外国旅行ができる人々は中間所得層以上となる。「ユーロモニターインターナショナル」の調査によると，2017年の世帯当たりの年間可処分所得が1万米ドル以上を記録したのは，全世帯の57.1%であった（図表4-13）。中国では都市部と農村部の格差が大きいため，家族で外国旅行に繰り返し行ける人は，都市の住民が中心となる。これは，訪日旅行の誘致対象は，この8億人超の都市住民のうち，中間層以上の人々となる。今後もこの層の人々は増加するものと推測される。

図表4-13　中国世帯当たり年間可処分所得（2017年）

(%)	値	所得区分
	0.4	300,000米ドル超
	0.0	250,001～300,000米ドル
	0.2	200,001～250,000米ドル
	0.2	150,001～200,000米ドル
	0.2	125,001～150,000米ドル
	0.3	100,001～125,000米ドル
	0.7	75,001～100,000米ドル
	0.5	65,001～75,000米ドル
	1.0	55,001～65,000米ドル
	1.6	45,001～55,000米ドル
	3.4	35,001～45,000米ドル
	7.7	25,001～35,000米ドル
	20.4	15,001～25,000米ドル
	20.5	10,001～15,000米ドル
	13.3	7,501～10,000米ドル
	13.8	5,001～7,500米ドル
	11.2	2,501～5,000米ドル
	2.2	1,751～2,500米ドル
	1.6	1,001～1,750米ドル
	0.3	751～1,000米ドル
	0.3	501～750米ドル
	0.2	500米ドル以下

出典：ユーロモニターインターナショナル調査

中国人にとって旅行とはどんな存在か，何を目的とするのかを交わす言葉が
インターネット上にあふれている。多く見られるキーワードは，未知の空間に
身を置くこと，美しい風景や各地の人々の暮らしに触れ，大自然に囲まれて温
泉やその土地のものを味わい体験すること，動物などの生き物との出会い，安
全でくつろげる空間で家族や友人と旧正月や夏休みなどに思い出となる時間を
過ごす，未知の自分を発見するなど多岐にわたっている。

旅慣れた人の投稿があったり，日本に数年住んでいる中国人学生が訪日する
中国人のために旅のアドバイスをしたりする例もある。一時大ブームとなった
買い物や，限定された有名観光地をお仕着せで回るツアーでは窮屈な思いをし
たと発言した人も多かった。こうした欲求の変化を踏まえ，旅行業者のウェブ
サイトには，「自由行」（航空券とホテルを予約し，それ以外は自分で行程を決める
ことを楽しむ自由旅行型パッケージツアー）の訪日旅行商品が豊富に揃えられる
ようになっている。

中国人にとって旅行の意義づけは，行き先でさまざまな体験をすること自体
を価値と考えるように変化してきている。特に治安面で安心な日本は，小さな
子連れの家族旅行先に選ばれることも多い。見聞を広めさせるために未就学児
を連れていく場合でも，日本は外国とはいえ長い交流の歴史があり，漢字文化
や儒教的ものの考え方など生活習慣が近い面があり，大人も子供も安心して楽
しめる旅行先になっている。

⑶ 訪日中国人観光客の現状と展望

中国人にとって，かつて外国への旅行は一種の社会的ステータスを表すもの
であったが，経済発展に伴う所得の向上等により，現在では都市部の一般市民
が気軽に外国旅行を楽しめる時代を迎えている。

中国国家旅遊局および各国・地域観光局等の統計によると，中国人の出境旅
行（外国への旅行に加え，香港，マカオ，台湾への渡航を含む。以下同様）者数は
2014年に初めて1億人を突破し，2017年には約1億4,273万人に達した。2017
年の中国人の出境旅行先は，香港，マカオ，台湾が6,938万人（日帰り客を含

む）と全体の半数以上を占めた。特に香港は約4,445万人と，出境旅行者全体の31.1％を占め，1983年の親族訪問旅行の解禁から一貫して最も身近な出境旅行先である。

　一方香港，マカオを除けば，実質的に外国旅行の首位となるのは日本である。中国人の訪日観光旅行は2000年9月に開始され，この間，訪日中国人数は2000年の35万人から2018年には838.0万人（JNTO統計）と約24倍に増えた。訪日中国人の旅行先は，初訪日の場合，東京，富士山，京都，大阪などを巡るゴールデンルートが圧倒的に多い。他方で，中国内の訪日旅行の先進地域である北京市，上海市，江蘇省，浙江省，広東省などでは，訪日旅行経験者が増えた結果，ゴールデンルートの占める割合が相対的に下がってきている。代わって人気が上昇しているのが，関東，北海道，関西，九州，沖縄といった地域をひとつだけ訪問する滞在型ツアー，ゴールデンルート商品の変形版（東海道の代わりに長野県，岐阜県，和歌山県などを通る）などである。

　2015年1月には，法務大臣が指定するクルーズ船の外国人乗客を対象として，簡易な手続きで上陸を認める「船舶観光上陸許可」制度が開始された。査証が不要になったこともあり，初年度の2015年は中国から日本へのクルーズ客が100万人を超え，2016年には169万人，2017年には224万人（いずれも推計値）と順調に増加した。「船舶観光上陸許可」制度が，中国からのクルーズ旅行の需要拡大につながった。

　訪日中国人の個人観光旅行は，個人のこだわりを追求する傾向が強い。団体観光旅行と旅行の質（宿泊先，体験など）の面では異なるものの，旅行先自体には大きな違いがなく，東京，箱根，富士山，北海道，関西，沖縄などが人気となっている。また訪日回数が多いリピーターほど地方への訪問率が上がる傾向にある。

　日本では2015年のような「爆買い」が終息したと報じられているが，未だに中国人の出境旅行中の消費額は高く，世界中で注目を集めている。その背景として，主要通貨に対する人民元の上昇という為替要因に加えて，安全・品質に対する信頼性並びにデザイン・機能性の面で，外国製品及び外資系企業の製品

は，価格が高くても質が良いため人気があることがあげられる。

　一方，中日両国の訪問者数はアンバランスな状態にある。図表4－14で示されるように，2000年は訪日観光旅行の中国人は35万人，訪中観光旅行の日本人は220万人で，合わせて255万人であったが，それが2018年になると，1,107万人の規模に拡大し，2000年に比べ4.3倍になった。一方，中身については中日間で逆転現象が起きた。中国の838万人に対して，日本は269万人にとどまり差が開いた。この逆転現象はすでに2015年から始まり，長い中日交流の歴史の中で，同年初めて訪日中国人観光客数が訪中する日本人観光客数を上回った。その後，訪中日本人観光客の規模は横ばいが続くのに対して，訪日中国人観光客はうなぎのぼりに増加している。中国国民所得の持続的な増加に伴う海外旅行のブームと，景気低迷による日本国民が海外旅行に回す金銭的余裕が減ったこととは対照的である。そのほか両国間の政治的な要因も影響していると見られ，当面このような中日両国民交流のアンバランスが続くとみられる。

　ただし訪日中国人観光客数の増加と滞在日数の延長に従って，中国人が日本

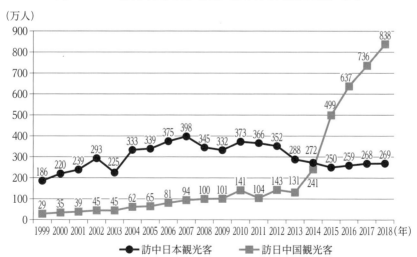

図表4－14　訪日中国人観光客数と訪中日本人観光客数の推移

出典：日本政府観光局（JNTO）統計，及び中国国家統計データより作成

人との交流の機会が多くなり，両者の理解を深めることにも有効であり，やがてリピーターとして再び日本を訪れることが考えられる。2018年の訪日外国人全体に占める中国人の割合は26.9%，つまり訪日外国人4人に1人以上が中国人ということになる。これは日本のインバウンド観光に大きく貢献するとともに，中日文化交流の増進，両国民の理解を深めることに大きな推進力になるものといえよう。

注

1）中華人民共和国国務院，1997年3月発表。
2）ADSはApproved Destination Statusの略，認可された観光目的地を意味する。
3）中華人民共和国国務院，2002年5月発表。
4）中華人民共和国国務院，2013年10月1日発表・施行。
5）中華人民共和国文化和旅游部公開資料　http://zt.mct.gov.cn/cjyzl/（2019年5月19日閲覧）参照。
6）「中華人民共和国電子商務法」は2018年8月31日の全国人民代表大会で可決され，2019年1月から施行（2019年8月10日閲覧）。
7）UNWTO「ツールズムハイライト2018年」より。
8）国土交通省観光庁「訪日外国人消費動向調査2018年」より。
9）「外国旅行の動向（中国）」https://www.jnto.go.jp/jpn/inbound_market/china02.pdf（2019年5月16日閲覧）参照。文中のデータの出典を明記しない項目はいずれも同レポートより。
10）2017年12月，中騰信金融信用信息服務（上海）有限公司と中国家庭金融調査与研究中心（CHFS）が実施した調査レポートより。
11）経済産業省「キャッシュレス・ビジョン」https://www.meti.go.jp/press/2018/04/20180411001/20180411001-2.pdf（2019年4月15日閲覧）参照。
12）国土交通省観光庁「平成29年訪日外国人消費動向調査（トピックス分析）」訪日外国人旅行者の訪問日数と消費動向の関係について〜韓・台・香・中の訪日日数のリピーターは一人当たり旅行支出が高い〜 https://www.mlit.go.jp/kankocho/news02_000346.html（2019年4月15日閲覧）参照。
13）『中国統計年鑑』2018年版。

第5章 航空業から見る中日観光産業の発展

　国際観光の持続的な発展と拡大は，航空産業の発展と緊密な関係がある。「2017年の国際線と国内線を合わせた世界の航空旅客数が初めて40億人を突破した。（中略）17年の世界の旅客数は前年比7％増の41億人だった。好景気を映して，観光，ビジネスの両面で人の移動が活発だった。（中略）アジア太平洋地域の旅客数は11％増の15億人と地域別で最多だった。」[1]と『日本経済新聞』の報道があった。記事から航空産業はアジア太平洋地域の人の移動を牽引し，国際観光産業の発展に貢献している実態をうかがい知ることができる。

1 航空利用と国際観光の動向

　観光産業は航空産業によって支えられている。観光客が観光地を選択するに当たって，交通の利便性は観光客の意思決定に重要な影響を与える。なぜなら観光地までの移動距離は，観光客が観光地を選択する意思とは正反対の関係にあり，距離が長くなればなるほど，当該観光地の選択順位を後回しにする可能性が高いからである。それに対して航空利用は長距離移動が必要な国際観光に利便性と安全性をもたらすだけでなく，時間的，身体的な負担を軽減する面においても陸運，海運より優れている。そのため航空需要は経済成長に伴う個人所得増と比例して増加している。特に団体旅行から個人旅行への需要が高まりつつある近年の国際観光では，観光客は航空会社や旅行会社，航空券販売代理店といった多種多様なルートを通じて，航空券の入手が可能になるので，観光客のニーズに対応したきめ細かなサービスの提供が求められている。

(1) IT技術の導入による個人旅行の利便性

　国際航空業界における最大の出来事は2008年6月1日からの電子航空券（以下はEチケットと略す）の運用開始である。国際航空運送協会（IATA）は，同年から加盟する航空会社（全世界の主要航空会社がほぼ同時参加）に対し，Eチケットの利用が義務づけられた。これを機に従来の紙に印字された予約記録が主流となる航空券予約システムはもはやその必要性がなくなり，インターネット上にデータ形式で記録が作られるようになった。旅客は自身の有効な身分証明書を提出するだけで航空券を購入し，必要に応じて航空券の情報が旅客本人や航空会社・旅行会社のスタッフによって随時照会及び変更が可能となる。

　またスマートフォンの急速な普及により，航空会社と旅行会社の業務処理においても，伝統的な店舗方式からコールセンター方式を経て，オンライン方式（公式ウェブサイトと携帯アプリとの連動など）へと発展していった。これにより旅客が自分で個人情報と旅程を入力するだけで，適用する運賃と旅程を正確に提供できるし，クレジットカードやキャッシュレス方式で航空券を購入することができる。一連の技術進歩は，特に個人旅行参加者に大きな利便性をもたらし，アウトバウンド観光とインバウンド観光を推進する各国にとっても大きな恩恵を受けることに違いない。

(2) 旅行情報の多チャンネル化による個人旅行の低コスト化

　比較サイトも旅客に大きな利便性をもたらしている。旅客が入力した情報に基づき，航空会社や旅行商品の価格を比較した上，最安値または特定の条件に適合する価格を旅客に提示している。このようなサービスは，航空会社や旅行会社，航空券販売代理店との間の競争を促し，旅客が適正な価格での航空利用というメリットが生まれる。

　オンライン旅行会社ももうひとつの新興勢力である。個人手配旅行に必要な商品及びサービスがオンラインにて予約・変更手続きが可能なるため，店舗を持たずにインターネット上の公式サイトと携帯アプリのみを通じて航空券が入手可能になる。販売業務の効率化は，オンライン旅行会社が低価格商品の提供

により，旅客が割安な航空券の購入が可能になる。

　さらに相次いで誕生した格安航空会社（Low Cost Carrier, LCC）の存在も大きかった。LCC の元祖といわれるのは，1967年に創立されたアメリカのサウスウエスト航空（Southwest Airlines, WN）である。同社は1971年にローコスト運営による基本的なビジネスモデルを確立し，統一化された機材・付加サービスのカット・予約システム使用料の削減などを通じて，旅客により一層低価格な航空サービスを提供することに努めた。日本では2012年3月にその先陣を切って，ピーチ・アビエーションが就航した。同年夏にエアアジア・ジャパン（現バニラエア），ジェットスター・ジャパンが続き，日本の「LCC 元年」と呼ばれるほどの大きな社会関心事になっていた。相次ぐ LCC の誕生は，特に短距離を移動する旅客，なかでもレジャー目的の個人手配の観光客にとっては気軽に飛行機を利用できるというメリットが大きい。

❷　航空利用と中日間の国際観光

　航空産業の発展は，その国の観光市場の発展を後押しする効果を持つ。特に島国の日本という地理的特性から，近隣諸国との間に道路や鉄道などの陸上交通手段は存在せず，他の主要国と比較して，日本の国際旅行は航空産業により強く依存していると言える。法務省の統計によると，日本に出入りする際の交通手段として97％の外国人観光客が航空便を使用しているという[2]。図表5－1で示すように，2006年から2018年の期間中の訪日外国人の交通手段は船舶，飛行機に大別される。船舶利用者は年間平均100万人程度にとどまっているのに対して，飛行機利用は同期間の1,511万人から5,840万人まで拡大し，3.9倍の増加となった。

(1)　中日航空路を利用した交流の現状

　これまで中日間の航空路は両国の政治・経済交流の各段階に応じて，さまざまな変化を見せながら発展してきた。1972年9月の中日国交正常化を機に，両国関係の円滑な交流を保証する基盤として，中日間の直行便が正式に運航する

図表 5 - 1 　交通手段別外国人日本出入国人数

（万人）

年	2006	2007	2008	2009	2010	2011	2012	2013	2014	2015	2016	2017	2018
飛行機	1,511	1,686	1,683	1,430	1,747	1,341	1,706	2,118	2,686	3,803	4,504	5,313	5,840
船舶	100	133	140	87	141	91	121	123	127	114	120	148	155

■船舶　■飛行機

出典：日本出入国管理局資料より作成

　ようになった。中国の主要都市である北京と上海，日本の主要都市である東京と大阪との間の定期運航便は，両国の政府・企業部門の活動にさまざまな利便性をもたらすだけでなく，中日間の旅行市場も同時に発展が促進され，新規観光ルートの開拓と旅行コストの低下をもたらしている。

　80年代の改革開放以降，中日間の人的往来はビジネスから国際観光まで広がり，民間航空を利用した人の往来はよりいっそう増えるようになった。日本側の発着地点は当初の東京，大阪から，やがて福岡，札幌，仙台，福島，新潟，富山，名古屋，広島，岡山，長崎などの22空港（都市）まで広がり，航空会社の輸送力もこれに合わせて急増した。いうまでもなく主要都市から地方の中小都市までの直行便の運航は，日本人観光客の中国訪問に利便性をもたらし，訪中人数の増加をもたらした背景となる。

　一方2000年以降の訪日ビザ緩和により，大量の中国人観光客が飛行機を利用して，日本を訪れるようになった。特に2008年北京オリンピック以降，中国国力の増強に伴った大衆観光のブームから，多くの中国人観光客が日本旅行に強い関心を示すようになった。これに合わせて，航空会社による輸送力の増強も

第5章　航空業から見る中日観光産業の発展　83

従来の北京，上海などの大都市から大連，深圳，広州，杭州，青島，済南，南京，南通，長春，ハルビン，瀋陽，福州，寧波，長沙，天津，西安，成都などの30空港（都市）まで広がり，より多くの地方都市から日本への直行便が運航されるようになったため，日本のインバウンド観光のより一層の発展を遂げる時期と重なった。

　近年では先発の欧米諸国からの影響を受け，格安航空会社がアジア太平洋地域にも広がり，上述のピーチ・アビエーション，ジェットスター・ジャパン，及び中国系の春秋航空と春秋航空日本も中日間の運航が始まっている。これらの格安航空会社の熾烈な競争は，中日間の航空運賃のさらなる引き下げが期待され，旅行コストの低下から，より多くの旅客が中日間の往来を促進する効果をもたらす。

　一般に航空需要は経済成長に伴う個人所得増に比例して増加する。その意味では航空産業の発展は経済成長との相関性が高く，航空産業の発展は観光客数の増加との関連性も非常に大きいといえる。2013年以降の円安による訪日旅行費用の割安感から，訪日中国人観光客の間に「お得感」が浸透するとともに訪問者数の急増をもたらした。中日間旅客人数と直行便座席供給年間推移（図表5－2）を見ると，2013年の1,123万座席から，2018年の2,003万座席まで拡大したが，一方，同期間の日本人による中国訪問者数は288万人から269万人に減少している。減少した分を大きく上回る訪日中国人観光客の存在が注目される。同期間の訪日中国人は131万人から838万人の6.4倍増となり，特に2018年中日直行便座席供給数2,003万座席のうち，中国人と日本人の相互訪問総数1,107万人であるが，船舶利用者148万人を引けば，959万人（往復1,918座席）が航空便を利用した計算になる。これは，中日航空路線の95.8％が両国の旅客によって利用されている現状であり，なかでも中国人観光客の利用者数が絶対的に多いことがわかる。

　国際観光は国内経済事情や国同士の政治的な動向に敏感に反応する一面がある。近年訪中日本人が減少している原因は，一部の政治的要因を除けば，景気低迷長期化の影響を受けているという要因を無視することができないであろう。

84

図表5-2 中日間旅客人数と直行便座席供給年間推移

人数（単位：万）　　　　　　　　　　　　　　　　　　　座席数（単位：万）

- 訪日中国人
- 訪中日本人

	2008	2009	2010	2011	2012	2013	2014	2015	2016	2017	2018(年)
座席数	1,440	1,290	1,250	1,191	1,299	1,123	1,285	1,685	1,943	1,939	2,003
訪日中国人	100	101	141	104	143	131	241	499	637	736	838
訪中日本人	345	332	373	366	352	288	272	259	259	268	269

出典：座席供給は IATA SRS Analyser のスケジュールデータ，旅客人数は日本政府観光局（JNTO）
と中国国家観光局公表の入国旅客数のデータより

　図表5-3は2018年末現在の中日間直行便の輸送力を示したものである。同
年12月の運航スケジュールによると，中日間の中国系航空会社からは毎週片道
789便で14.08万席が運航されており，日本系航空会社からは毎週片道299便で
5.24万席が運航されている。両者の合計は1,088便で19.32万座席に上っている
（ほかに第三国の航空会社から毎週片道7便で0.21万席がある）。また2018年末現在，
直行便が運行されている空港は中国30カ所，日本21カ所，両国直行便のある空
港は計51カ所になる。明らかな特徴は中日ともに大都市以外の地方都市にも数
多くの直行便空港が設けられていることであり，これらの航空路線はそれぞれ
の地域の観光産業の発展を支える交通インフラとして，中日両国間の国際観光
市場の拡大に貢献し続けていることがわかる。
　また中日間航空路の拡大による効果は中日間だけにとどまらず，第三国にも
影響を及ぼしている。つまり，両国の航空会社は自国を経由し他国と第三国へ
旅客・貨物の輸送を行うことができるという「国際航空における第6の自由」
[3] がある。これは中日両国の旅客はそれぞれ自国をハブとし第三国へ旅行し，
また第三国からの乗客を日中双方へ運ぶことが認められる権利であり，中日航
空路の拡大はその他の国への架け橋となる機能でもある。近年中日航空路線の

第5章　航空業から見る中日観光産業の発展　85

図表5－3　中日間直行便の空港と定期便座席供給数

中国
日本と直行便がある30空港。
上海浦東，上海虹橋，北京，
大連，広州，天津，青島，
杭州，南京，深セン，成都，
瀋陽，武漢，アモイ，済南，
ハルビン，福州，煙台，西
安，重慶，寧波，無錫，鄭
州，長沙，南通，徐州，揚
州泰州，長春，延吉，貴陽。

中国系航空会社：
毎週片道789便，
座席供給数14.08万。

日系航空会社：
毎週片道299便，
座席供給数5.24万。

日本
中国と直行便がある21空港。
東京成田，東京羽田，大阪
関西，名古屋，福岡，札幌，
那覇，静岡，広島，岡山，
茨城，新潟，高松，富山，
小松，青森，佐賀，鹿児島，
松山，長崎，仙台。

出典：IATA SRS Analyser ウェブサイト，2018年12月スケジュールより。
　　　座席供給数は同毎週片道統計より
　　　＊空港（YTY）は中国江蘇省揚州市と泰州市の共用空港

急速な発展により，中日航空路を利用しての第三国への乗客も増えてきている。
所要時間は乗り継ぎのため少し長くなる半面，航空運賃はより安くなるため，
時間的余裕があり，予算の制約のある旅客にとって有利な航空路となる。
　たとえば中国系航空会社の拠点は日本とヨーロッパの中間にあり，中継地点
として地理的な利点がある。中国政府は主要国と中国の特定の空港に対し乗り
継ぎ旅客のビザなし簡易入国の政策を実施しており，特定国の旅客が中国の指
定空港を経由して第三国へ乗り継ぐ場合，ビザなしで72時間，指定空港から中
国に入国することができる。特にヨーロッパ方面では，2018年12月の運航スケ
ジュールから，中国本土からヨーロッパの33都市に向かう片道直行便が毎週
543便運航されているが，日本からヨーロッパへ向かう便は17都市230便である。
ベルリン，ジュネーブ，バルセロナなどの主要都市へは，現在日本との直行便
を運航しておらず，これらの都市は日本からの飛行距離が遠くコストもかかり，
また日系航空会社は日本国内から十分な乗客を確保できないため，当面新規就
航が難しいとみられる。しかし日本人旅客は日中間の航空路線を利用し，中国
系航空会社のハブ（北京，上海など）を介すれば，これらの目的地には快適に
行くことができる。
　同様に東京と直行便で結ぶヨーロッパの都市は17あるが，大阪は5都市，名

古屋は2都市にとどまり，福岡や札幌などの他の主要都市へのヨーロッパ直行便が存在していないのが現状である。ヨーロッパの航空会社もヨーロッパ各地から搭乗客の確保が難しいため，日本の多くの地方都市に新規路線の就航が難しい。このため外国人観光客が日本に到着した際，東京や大阪の空港から次の日本国内の目的地までには多くの時間を費やすことを強いられる。特に日本の交通事情に対する予備知識が不足している場合，外国人観光客が日本国内の交通機関を利用して移動すれば，移動コストが非常に高くなってしまう可能性がある。しかし中日航空路線の拡大に伴い，ヨーロッパの第三国からの乗客が中国の航空会社の乗り継ぎ便を利用すれば，中国のハブ空港にて中日路線の乗継を行うことで，日本の地方都市へはより快適に移動することが可能になる。

　中国を軸とした北米との関係も同様である。2018年12月の運航スケジュールから，日本から北米24の目的地へ毎週片道577便を運航しているが，中国も北米22の目的地と毎週片道434便を運航し，日本より少ない北米路線となる。しかし，日本の乗り継ぎビザは中国人旅客にとり使い勝手が悪く，さらに日系航空会社のハブ空港は成田空港と羽田空港に限定されているため，利用者の拡大は自ずと制限を受けることになる。今後，日系航空会社は中日路線の「第6の自由」を有効に活用すれば，関連業務の拡大に大きな潜在性があるといえる。

(2)　中日航空路線を運航する各社の現状

　中日間の航空路線市場では，航空会社によって大きく3つのカテゴリーに分類される。フルサービスを提供する伝統的な中国系と日系航空会社，新興の中国系と日系格安航空会社，日本もしくは中国を経由して中日路線を運航する第三国の航空会社である。

　図表5－4は，中国系，日系，中国系LCC，日系LCC，及び第三国の輸送力の市場シェアを示したものである。図表から，2019年現在の中日間の航空路線に占める各社の市場シェアは，中国系68.7%，日系22.8%，中国系LCC5.8%，日系LCC1.5%，第三国1.2%の順であり，近年の日中航空路線の急成長は基本的に伝統的な中国系航空会社によることがわかる。また中国系

と中国系LCCを合わせると，市場シェアの74.5%を占めるほどの市場支配力を有することになる。中国系航空会社の市場シェアは2004年の46.5%から2019年の68.7%に増加したのに対して，同時期の日系航空会社の市場シェアは48.3%から22.8%に低下している。しかも中日航路路線における伝統的な航空会社の輸送力は，当初のほぼ互角の関係から，近年の3対1という大きな格差が生じる関係になっている。

図表5－4　中日航空路線を運航する各会社の市場シェアの推移

年次	中国系	日系	中国系LCC	日系LCC	第三国
2004年	46.5%	48.3%	0.0%	0.0%	5.2%
2005年	46.6%	48.5%	0.0%	0.0%	5.0%
2006年	48.8%	46.5%	0.0%	0.0%	4.8%
2007年	47.3%	48.0%	0.0%	0.0%	4.7%
2008年	45.1%	50.2%	0.0%	0.0%	4.7%
2009年	49.0%	47.2%	0.0%	0.0%	3.9%
2010年	56.6%	38.9%	0.0%	0.0%	4.5%
2011年	57.4%	37.2%	0.5%	0.0%	4.9%
2012年	57.4%	37.3%	1.2%	0.0%	4.1%
2013年	50.7%	42.9%	1.7%	0.0%	4.7%
2014年	54.8%	38.9%	2.9%	0.0%	3.4%
2015年	61.2%	29.9%	6.5%	0.0%	2.4%
2016年	62.0%	28.3%	7.0%	0.2%	2.5%
2017年	62.9%	27.5%	6.0%	1.4%	2.1%
2018年	65.1%	26.5%	5.0%	1.9%	1.5%
2019年	68.7%	22.8%	5.8%	1.5%	1.2%

出典：IATA SRS Analyser データより

　一方の格安航空会社が本格的に中日航空路線に現れたのは2012年あった。その後，各社による投資拡大は輸送力の増強につながり，2010年までの市場シェア0.0%から2019年の7.3%まで拡大している。ただし，そのうちの5.8%は中国系の春秋航空によるもので，近年の訪日中国人観光客の急増の裏に，春秋航

空の存在が無視できないほどの輸送力が働いたことがわかる。今後，訪日中国人観光客の持続的な増加，及び訪中日本人観光客の横ばいの状況から，中日航空各社が占める市場シェアのさらなる変化が推測される。他方，第三国航空会社が運航する中日路線が次第に減少する傾向にあり，輸送力の市場シェアは従来の５％台から近年の１％台まで低下し続け，市場の存在感が次第に低下していく。

　　a．日系大手２社

　中日航空路線では，日本側の代表は日本航空と全日空である。両社の強みは何といっても高品質のサービスである。両社は早い段階から国際路線のリーディングカンパニーとして，最新型の機種と娯楽機能を完備した設備を導入するなど，ビジネス客や富裕層旅客に人気を集めている。一方機材繰りのため，日本航空と全日空の中日路線は成田，羽田，大阪，名古屋の４空港の発着に限定されており，地方都市から中国への就航は難しい問題を抱えている。中国の主要航空会社と韓国の航空会社に比べて，日本航空と全日空のハブ機能としての貢献が限られているため，日本国内の乗り継ぎがあまり多くなく，日本を経由して北米への乗り継ぎも東京の２空港に限定されている。しかも運賃が高いため，中国人観光客による日本旅行が普及する過程において，中国系航空会社と競合するローエンド層の旅客獲得はほとんどなかった。

　長い間日本航空と全日空の業務重点は欧米，特に北米に集中してきた。そのためリーマンショック後の世界規模の景気低迷は，欧米業務に依存する両社に大きな影響を与えた。日本航空は2010年ごろに一度倒産し再編されたものの，これを機に２社の立場が逆転した。IATA SRS Analyser データによると，中日路線における日本航空対全日空の年間双方向座席数比は2004年の315万対243万であったものが，2018年の184万対347万になり，全日空が完全にリードするようになっている。また，2011年の東日本大震災とその後の中日間の政治的な摩擦により，二強の中国路線への投資の減少が続き，近年の市場シェアの大幅な減少に至っている。

第5章　航空業から見る中日観光産業の発展　89

図表5 - 5　日本航空と全日空の中国路線運航状況（2019年上半期）

会　　社	路　　線	毎週片道便数	毎週片道座席供給数
日本航空	羽田—北京	14	2,716
	羽田—上海虹橋	7	1,697
	羽田—上海浦東	7	1,652
	羽田—広州	7	1,127
	成田—上海浦東	21	3,880
	成田—大連	7	1,442
	成田—北京	7	1,008
	大阪—上海浦東	14	2,016
	名古屋—上海浦東	7	1,008
	名古屋—天津	7	1,008
	計	98	17,554
全 日 空	羽田—北京	14	3,164
	羽田—上海浦東	14	3,094
	羽田—上海虹橋	7	1,680
	羽田—広州	7	1,414
	成田—上海浦東	21	3,607
	成田—武漢	7	1,498
	成田—広州	7	1,486
	成田—青島	7	1,414
	成田—大連	7	1,392
	成田—杭州	7	1,022
	成田—北京	7	1,022
	成田—瀋陽	7	1,022
	成田—アモイ	7	1,022
	成田—成都	4	856
	大阪関西—上海浦東	14	2,044
	大阪関西—北京	7	1,022
	大阪関西—青島	7	1,022
	大阪関西—大連	7	840
	大阪関西—杭州	7	840
	計	165	29,461

出典：IATA SRS Analyser データ，2018年12月スケジュールより

90

　2018年末現在（2018年12月の運航スケジュール），日本航空は国内の4空港（東京羽田，東京成田，大阪関西，名古屋）と中国の6空港（上海虹橋，上海浦東，北京，天津，大連，広州）の10路線を運航し，その輸送力は毎週片道98便で1.76万席である。同期の全日空は国内の3空港（羽田，成田，関西）と中国の11空港（虹橋，浦東，北京，広州，成都，大連，杭州，瀋陽，青島，武漢，アモイ）の19路線を運航し，その輸送力は毎週片道165便で2.95万席である（図表5－5）。

b．中国系の主要3社と他の会社

　2003年頃，中国政府の主導により，当時の主要航空会社が合併して再編成された結果，現在の3大航空会社である中国国際航空（国航），中国東方航空（東航），中国南方航空（南航）の体制になっている。中国経済の持続的成長に伴い，中国系主要3社の保有機材数と性能は急速に成長し，世界的ネットワークも拡大し続けている。今日，中国主要3社の規模は，ヨーロッパの主要3社（インターナショナル・エアラインズ・グループ，エールフランス–KLM，ルフトハンザグループ）に匹敵し，北米の主要3社（アメリカン航空，デルタ航空，ユナイテッド航空）を追うほどまで成長を遂げている。

　中国系主要3社の中で，中国国際航空は国際化，経営基盤，収益力のどれにおいても群を抜いている。同社は北京と成都にハブを置き，中国からヨーロッパ，北米までの長距離路線においてリード的な地位を獲得している。また中国東方航空は最も重要な国際路線目的地の上海に主要拠点を置き，昆明，西安，青島などをハブ基地として運航している。欧米長距離路線では一定の実力を持ちながらも，日本と東南アジアでリードしている実績を有する。中国南方航空は，中国から東アジアまでの最大の航空会社として運航しており，主な拠点は広州でありながら，中国の東北，西北，華南地区に多数の基地があり，オーストラリア，ニュージーランド方面の市場でリードしている。

　日系の2社と比べ，中国系主要3社の特徴は各自のハブに乗り継ぎ客が多いことがあげられる。乗り継ぎは中国国内のネットワークに限定されず，欧米そして東南アジア方面の利用も多い。また，中国系主要3社は北京，上海，広州の主要なハブ以外にも，それぞれ中国国内の地方都市に複数の基地空港があり，

これらの基地空港から日本への直行便を複数運行している。このため中国の3大航空会社は中日路線においてよりネットワーク効果を得ていると同時に，特定の中国基地都市で集客しやすい面がある。一方，中国系主要3社は後発の航空会社として，サービスと運営面の成熟度は日系2社との差が存在するため，客層にも大きな違いが存在する。近年，中国系主要3社による新機材の導入が加速し，ハードウェアにおける大幅な改善がみられたが，ソフトウェアやサービス面で日本のハイエンドの乗客に受け入れてもらうにはまだ時間がかかるようである。

　2018年末現在，中国国際航空は中国の5空港と日本の9空港の間に19路線（経由便を含む）を運航し，その輸送力は毎週片道約156便で3.18万席である（図表5‐6）。

図表5‐6　中国国際航空の中日路線運航状況（2018年）

路　　線	毎週片道便数	毎週片道座席供給数
北京―東京羽田	28	7,048
北京―東京成田	7	1,659
北京―大阪関西	14	3,510
北京―名古屋	7	1,169
北京―札幌	7	1,705
北京―那覇	4	668
上海浦東―東京成田	14	3,066
（重慶）―上海浦東―東京成田	7	1,169
上海浦東―大阪関西	21	4,175
上海浦東―名古屋	7	1,295
上海浦東―福岡	7	1,295
（北京）―上海浦東―仙台	2	334
（天津）―大連―東京成田	4	500
（天津）―大連―大阪関西	7	1,169
（北京）―大連―福岡	7	1,169
（北京）―大連―広島	4	500

路　　線		
(西寧)―成都―東京成田	4	632
成都―大阪関西	3	474
天津―那覇	2	250
合　　計	156	31,787

出典：IATA SRS Analyser データ，2018年12月スケジュール

　また中国東方航空は中国の10空港と日本の15空港の間に39路線（経由便を含む）を運航し，その輸送力は毎週片道約243便で4.23万席である。

図表5－7　中国東方航空の中日路線運航状況（2018年）

路　　線	毎週片道便数	毎週片道座席供給数
上海虹橋―東京羽田	7	2,050
上海浦東―東京羽田	14	3,652
上海浦東―東京成田	7	1,984
(北京)―上海浦東―東京成田	7	1,211
(西安)―上海浦東―東京成田	7	1,310
上海浦東―大阪関西	21	3,628
(昆明)―上海浦東―大阪関西	7	1,232
上海浦東―名古屋	14	2,212
(西安)―上海浦東―名古屋	7	1,092
(蘭州)―上海浦東―名古屋	7	1,092
上海浦東―福岡	14	1,716
(武漢)―上海浦東―福岡	7	1,176
上海浦東―札幌	7	1,864
上海浦東―那覇	14	2,184
上海浦東―静岡	7	1,260
上海浦東―岡山	7	840
上海浦東―広島	7	840
上海浦東―小松	4	480
上海浦東―長崎	2	240
上海浦東―鹿児島	2	240

第5章 航空業から見る中日観光産業の発展 93

路　　線		
上海浦東―松山	2	240
上海浦東―新潟	2	240
北京―大阪関西	7	1,260
北京―名古屋	7	1,211
(西安)―青島―大阪関西	7	1,092
(成都)―青島―名古屋	7	1,092
(北京)―青島―福岡	7	1,260
南京―大阪関西	5	785
南京―東京成田	3	519
南京―札幌	2	276
大連―大阪関西	7	1,099
(北京)―煙台―大阪関西	3	519
(太原)―煙台―名古屋	3	504
杭州―大阪関西	2	312
杭州―那覇	2	312
杭州―静岡	2	312
寧波―静岡	2	312
寧波―大阪関西	2	312
延吉―大阪関西	2	312
合　　計	243	42,272

出典：IATA SRS Analyser データ，2018年12月スケジュールより

　中国南方航空（CZ）は中国の11空港と日本の 6 空港の間に24路線（経由便を含む）を運航し，その輸送力は毎週片道約97便で1.79万席である。

図表 5 - 8　中国南方航空の中日路線運航状況（2018年）

路　　線	毎週片道便数	毎週片道座席供給数
広州―東京羽田	14	3,136
広州―大阪関西	7	1,813
(三亜)―広州―大阪関西	7	1,316
大連―東京成田	4	752

大連―大阪関西	6	802
大連―名古屋	4	484
大連―富山	3	363
上海浦東―大阪関西	7	1,358
(広州)―上海浦東―名古屋	7	1,358
瀋陽―東京成田	3	564
瀋陽―大阪関西	4	636
瀋陽―名古屋	2	318
ハルビン―東京成田	2	356
ハルビン―大阪関西	3	495
ハルビン―新潟	3	515
深セン―大阪関西	5	890
鄭州―東京成田	3	489
鄭州―大阪関西	2	326
長沙―東京成田	2	318
長沙―大阪関西	2	376
武漢―東京成田	2	326
武漢―大阪関西	2	354
長春―東京成田	2	376
貴陽―大阪関西	1	163
合　　計	97	17,884

出典：IATA SRS Analyser データ，2018年12月スケジュールより

　主要３社のほか多くの中国系航空会社が中日路線を運航している。なかでも注目すべきは海航グループ（海南航空，首都航空，天津航空，祥鵬航空）と３大航空の子会社（たとえば，国航傘下の山東航空と深セン航空，東航傘下の連合航空と上海航空など），地方航空会社（四川航空，厦門航空など），新興の民間航空会社（奥凱航空，吉祥航空など）などの存在である。これらの会社の経営戦略がそれぞれ異なるため，一部の地域に特定の競争優位性を有している。ただし主要３社と比べて，全体的にネットワークの優位性が欠けており，集客が地元の観光商品販売の推進に依存している面は否めない。

ｃ．新興格安航空会社

　LCC による本格的なアジア，中日路線での運航は，前述のようにほとんどが近年のスタートである。日系 2 社や中国系 3 社及び地方航空会社に比べて，LCC 各社の主なビジネスモデルは直販方式の航空券販売である。理由は旅行会社などの代理販売に支払う経費の節約などが挙げられる。また格安運航のため，旅客荷物の制限と機内食の別途料金などでコストの削減を図っている。現在中日路線を運営している LCC は主に中国大手格安航空会社である春秋航空と，同出資を受けた春秋航空日本，そして全日空の子会社であるピーチ・アビエーション，オーストラリアの格安航空会社であるジェットスターと日本航空が主な出資者として設立されたジェットスター・ジャパンの 4 社である。

　日系 2 社に比べて，中国系航空会社による中日間航空運賃が割安な設定をしているため，春秋を代表とする LCC 各社にとって，料金体系における優位性は必ずしも有していない。このため中日航空市場における LCC が伝統的な会社より明らかな競争優位性を持っているとは言い難い現状である。一方，中日路線を運営している LCC 各社のうち，春秋航空は旅客輸送面において圧倒的な力を有しており，IATA SRS Analyser データによると，2018年日中路線における年間往復座席の約99.6万を提供したが，同期にその他 LCC 3 社合計は，年間往復約38.6万の座席にとどまった。この現象の背景には，春秋航空がより規模の大きな航空会社として2018年の保有機材数が86機に達し，中国国内の複数の都市でも運航され，航空協定の枠組みの下で日本の複数の空港を自由に航行できていることがある。それに比べて日系 LCC 各社の規模はまだ小さく，ピーチ・アビエーションは26機，春秋航空日本とジェットスター・ジャパンは10機にも満たない。しかも日系 3 社の運航は日本国内のいくつかの空港（成田，大阪，名古屋，那覇など）に限られており，短期間で中日路線を増便させるには一定の無理があると言わざるを得ない。

図表 5 - 9　LCC 各社の中日路線の運航状況

会　　社	路　　線	毎週片道便数	毎週片道座席供給数
春秋航空	上海浦東―東京羽田	4	596
	上海浦東―大阪関西	14	2,086
	上海浦東―名古屋	7	1,043
	上海浦東―札幌	7	1,043
	上海浦東―茨城	6	894
	上海浦東―高松	5	745
	上海浦東―佐賀	3	447
	大連―大阪関西	7	1,043
	天津―大阪関西	4	596
	寧波―名古屋	3	447
	重慶―大阪関西	3	447
	揚州泰州―大阪関西	2	298
	洛陽―揚州泰州―大阪関西	1	149
	武漢―大阪関西	2	298
	西安―大阪関西	1	149
	合　　計	69	10,281
春秋航空日本	東京成田―天津	7	854
	東京成田―ハルビン	4	488
	東京成田―重慶	4	488
	東京成田―武漢	3	366
	合　　計	18	2,196
ピーチ・アビエーション	東京羽田―上海浦東	7	1,260
	大阪関西―上海浦東	7	1,260
	合　　計	14	2,520
ジェットスター・ジャパン	東京成田―上海浦東	4	720
合　　計		105	15,717

出典：IATA SRS Analyser データ，2018年12月スケジュールより

❸ さらなる発展の課題

　今後，中日間における航空業界，旅行業界の発展を推し進める上で一番の課題となるのは，「航空協定の緩和」及び中日両国の主要空港における「発着枠（通称スロット）の制限」といえる。

(1) 中日航空協定

　航空協定とは二国間で結ばれた条約であり，両国の民間航空路線や輸送，またその業務に携わる企業等に関わる内容が規定されているものである。中日両国は1972年9月に国交を正常化し，その際発表された「中日共同声明」に基づき，1974年に「中日航空協定（正式名称：中華人民共和国と日本との間の航空運送協定）」に調印した。しかし当時の国際的政治背景や経済状況等から，協定成立当時の制約は比較的厳しいものであった。

　1980年代に中国は改革開放路線を推し進め，目ざましい発展に合わせて，政府の民間航空に対する監督管理も徐々に緩め，航空会社の民営化，航空自由化も認められるようになった。それと同時に，中日航空路線はビジネス需要を軸に発展を続け，90年代には日本人を中心に成熟した訪中観光市場が形成された。他方2000年以降，訪日中国人観光客へのビザ緩和策により，より多くの中国人観光客が日本を訪れるようになった。特に2008年以降，中国経済の飛躍的な成長と日本観光立国のさらなる推進により，中国人観光客の訪日観光は爆発的な成長を見せた。

　上述した中日航空市場の目まぐるしい発展に合わせて，世界の航空市場でも北米間，欧米間の航空自由化の機運が一層高まった。その影響を受けて，アジアでも航空自由化が推進されていった。一方2003年の中国南部におけるSARSの流行や2011年の東日本大震災など，両国の航空産業が重大な局面に立たされた出来事もあったが，紆余曲折を経ながらも中日航空産業はゆっくりと着実に発展した。その間，両国の民間航空関連部署は幾度も協議を重ね，2012年6月の「第5回日中航空政策対話」において中日航空協定を発展・拡大させるため

の合意に達した。

　合意内容は，中日間の段階的な航空自由化（オープンスカイ）の実現として，
① 北京，上海，及び成田，羽田を除く中日路線において，直ちに航空自由化
を実施する。② 上記４空港に関わる航空自由化については引き続き議論を続
けていくこととする。③ 北京，上海，及び成田，羽田に関わる路線の増便に
ついては，その都度適切に対応し，中国と羽田を結ぶ路線についての規則を明
確化するなどである。上記合意内容に基づき，中日双方は2015年の非公式の協
議を経て，北京，上海，広州から羽田への増便が合意された[4]。

(2)　空港の発着枠

　航空協定には北京，上海，成田，羽田に関わる路線の輸送力に対する制限が
規定されていたが，その他にもうひとつ大きな制限があった。それは各空港の
発着枠である。航空機は空港への離着陸の都度，当該空港の滑走路を使用する
ことが認められている。これが発着枠（スロット）と呼ばれる。各空港が滑走
路，駐機場，搭乗ゲート等の施設の使用，並びに空港周辺空域の管制などに対
して，空港の対応能力を超えた航空機の発着を防止し，安全かつ円滑な運航を
確保する必要がある。このため１日又はある時間内に発着可能な回数の限度が
設定されている。発着枠は基本的に空港により管理されているが，すでに発着
枠を獲得しそれを使用する航空会社の意向や，実際の運行状況に影響をうける
場合がある。航空業界において「IATA スロット会議」という定期的な発着枠
調整会議を開催するとともに，各国間の不定期な会議を通じて，航空会社間，
航空会社と空港間，及び政府間等において発着枠の分配や配分調整が行われて
いる。

　現在の中日航空協定によれば，中国主要都市である北京，上海と日本のいか
なる都市間の路線，及び日本の成田，羽田と中国のいかなる都市間の路線も航
空協定により定められた制限を受けている。北京，上海，成田，羽田の発着枠
の取得はきわめて厳しい状態にあるため，仮に中日航空協定の定める輸送許容
量に余剰があっても，両国のどの航空会社も自社の意思だけでは増便すること

ができないことになる。

その場合以下のような状況が発生する可能性がある。たとえば，日本の航空会社が大阪―上海（浦東）路線（上海に関わる運行は輸送量上限の制限を受け，同時に上海，大阪双方の発着枠の制限も受けることとなる）において新規就航，および増便を計画し，日本の輸送量に余剰があったとしても，浦東空港の発着枠が確保できず，もしくは中国側で発着枠が得られたとしてもそれが早朝や深夜帯でしか確保できなかった場合，ビジネス客のニーズに合わないことになり，実際には日本の航空会社は増便に踏み切れない状況になる。反対に中国の航空会社が大阪―上海（浦東）路線において新規就航，及び増便を計画したとしても，仮にその航空会社がいくつも上海の発着枠を保持しており，調整が可能であろうと，航空協定の定める中国側の輸送量制限が上限に達していた場合（上海はその対象空港である），やはり中国の航空会社も増便はできないことになる。

⑶　最近の動向

近年，中日航空協定のさらなる緩和に向けて動き出しつつある。それでも空港の発着枠制限（特に中国側の発着枠制限），並びに中日路線のそれぞれの特色（中国側の旅客が増加する前提で，中国国内，中国以遠のアジア，ヨーロッパ，中東，アフリカへの利用客は多くの場合乗り継ぎも容易であるのに対して，日本国内と日本以遠の北米等への利用客は少ないため，乗り継ぎは不便である）に鑑みると，中国航空会社の中日路線に対する増便の需要は日本側より強く，また路線経営の難易度についても日本の航空会社より低いといえる。

現在協議中の輸送量制限の緩和については，近い将来に起こり得る可能性として，まず中国の航空会社は主要4空港，特に北京，上海路線について新規就航，増便が実現される見通しである。一方の日本の航空会社は北京，上海空港の発着枠の制限を受けるため，増便には難航する可能性がある。その結果中日路線における中国側の投入する輸送力はさらにアップする可能性がある。これは訪日中国人観光客が増え，日本国内経済の活性化につながるが，反対に日系航空会社の中日路線における競争力の低下につながる可能性がある。

2017年と2018年に中日政府高官による「中日交通管制部長級会談」が二度開催され，両国の輸送量拡大に向けた対話を進められてきた。北京は新空港である大興国際空港の運用投入，東京はオリンピックの開催など，中日双方にとって航空産業が大きな飛躍の時期に入っているといえよう。さらに2019年に入ってから，中日関係の好転に合わせた民間航空輸送に関する協議の中で，両国間の航空協定のさらなる緩和に関する議論が行われている。実現すれば羽田，成田以外の空港における増便の実現が可能で，両国航空分野における新たな発展，さらには中日両国のアウトバウンド観光とインバウンド観光の一層の発展が期待される。

注

1）『日本経済新聞』2018年9月7日付。
2）法務省出入国管理統計（http://www.moj.go.jp/housei/toukei/toukei_ichiran_nyukan.html　2019年8月4日閲覧）より。
3）「飛行機・空港フライト情報館」サイト（http://air-line.info/aviationfreely.html　2019年5月26日閲覧）参照。
4）国土交通省報道発表資料。
　　2012年（http://www.mlit.go.jp/report/press/kouku03_hh_000194.html　2019年5月24日閲覧）参照。
　　2015年（http://www.mlit.go.jp/report/press/kouku03_hh_000236.html　2019年5月24日閲覧）参照。

101

中日間の国際観光コミュニティの形成

第**6**章

　1980年代以降の改革・開放の推進により，中国の土地，労働，資源と日本の技術，資本との組み合わせから，中国は持続的な成長を続ける一方，日本は中国における投資収益を拡大した。そして両者が協力と競争の関係を維持しながら，今日成熟した中日経済交流関係を発展させている。一方国際観光に目を転じると，2000年代以降，インバウンド観光を推進する日本と，アウトバウンド観光がブームとなる中国が互いに補完関係をなしている。その結果，中国と日本は最大訪問国と最大受入国という関係を構築しているだけでなく，地域密着型観光を推進する日本と，「日本の日常」を体験したい中国人観光客という国際観光における補完的関係を発展させている。

　このような中国と日本との国際観光における補完的関係から，新たな国際観光のモデルを形成していく現実性が生じており，筆者はこれを中日間の国際観光コミュニティの形成と呼ぶことにする。

❶　浮上する中日間の国際観光コミュニティの姿

　日本を訪れる中国人観光客数が大幅な増加傾向にあるとともに，旅行スタイルそのものにも変化が起きている。中国オンライン旅行最大手の「携程」が発表した『2018年中国遊客赴日旅游報告』[1]によると，その変化には以下の特徴がある。

(1)　限られた高所得階層から一般大衆への転換

　所得の増加による観光消費意欲の増加や，ビザ，航空などの便利さの向上によって，訪日観光に対する意欲が中国人の中で高まり続けている。それに対応

して，航空会社は次々と新規路線を開拓し，便数も増え続けている。なかでも，中国の中小都市から日本の東京，京都，大阪，名古屋などの大都市だけでなく，旭川，静岡および高松，松山などの四国の中小都市を目的地とする便も含まれている。

2016年7月以降，ピーチ・アビエーション航空による大阪—上海，東京—上海路線，ジェットスター・ジャパン航空による東京—上海，東京—広州，大阪—上海，大阪—広州路線の運航がそれぞれ認可され，2017年12月に中国ユナイテッド航空が北京南苑—煙台—福岡路線を新規就航させた。春秋，ピーチ，ジェットスターなどのLCCを代表とする中日間の中・短距離路線の新規就航により，中日間のフライトはより便利，かつ安価なものになった。また中国の中小都市における日本路線の拡大は，訪日旅行層が大都市から地方都市まで延伸し，より多くの中低所得層が手ごろなコストで日本のアウトバウンド観光に参加することを可能にした。

(2) 団体旅行からリピーター個人旅行への転換

中国人団体旅行においては，2名からのプライベート旅行や他人との組み合わせをしない「家族団体」の予約数は2017年比で177％の急増ぶりで，全団体旅行の10％を占めるほど好調である。また1人当たりの旅行消費額は7,000元（当時レート約115,000円）を超える。多くの訪日観光客は，数十人規模の団体旅行に満足ができなくなっているという。

同報告書は1990年代，2000年代生まれの若者を「新世代」と定義し，アウトバウンド観光を引っ張っているのはこれらの「新世代」層と位置づけており，2018年1～9月における同世代のアウトバウンド観光の参加割合は32％に達したと算出している。この世代は，経済的に独立しつつあり，自由を追い求める意思が強く，旅行にかける「金を惜しまない」という考えの持ち主と分析されている。「新世代」層に最も人気の日本ベスト10は，東京，大阪，沖縄，横浜，京都，名古屋，札幌，福岡，静岡，長崎である。これらは，交通の便，施設の完備，観光スタイルの成熟などの共通点があげられる。また彼らはリピーター

第6章　中日間の国際観光コミュニティの形成　103

の個人旅行客として，日本各地のコミュニティに躊躇なく入る層でもあると同報告書は指摘した。

⑶　観光地遊覧型からローカル生活体験型への転換

　個人旅行商品を選択する旅行者数の割合が40％近くに達し，かつリピーター客の割合が増加していることから，中国人観光客は，単に目的地での物見遊山的な観光に満足しなくなり，体験型のレジャーや趣味に合った観光スポットを訪れゆっくり体験する，または特定の地域に長期間滞在するなどのディープな旅へと比重を移しつつある。同報告書によると，4～6日間の旅行が旅行者全体の43％を占め，日本での平均滞在時間は6.2日という。個人旅行者は目的地での滞在時間がさらに長く，1から2都市に限定したディープな旅を選択する旅行者が特に多い。また直行便の就航や観光施設の完備に伴い，これまであまり注目されていなかった観光目的地が中国人観光客に発見され，なかでも，高山，ニセコ町，富山，日光，鎌倉，石垣島，南紀白浜，白馬村，金沢，青森などへの観光客が急増し，前年比900％増という驚異的な増加率を見せている。

　宿泊先紹介サイトであるAirbnbが世界中で急速に成長しているなか，民宿は観光産業の発展を促進することで，日本でも次第に人気が高まっている。一方少子高齢化による人口減で空き家が増加し，不動産業が不景気な上に，家屋の建て替えに巨額の費用がかかるため，多くの住宅所有者が空き部屋をリフォームし，民宿として有効活用を考えている。観光客にとって民宿での滞在は，観光地との直接的なふれあいにより，その地域の独特な伝統と風情を堪能し，日本の良さに一歩踏み込んだ形の体験を得ることができる。しかも宿泊費が同じ地域のホテルより安いため，民泊の人気が高まりつつある。

　Airbnbが発表した「宿泊消費動向報告2017」によると，2016年にAirbnbを利用した中国人観光客は約160万人で，同期比14％増となった[2]。日本にとって，中国はAirbnb利用で第2位を占め，2018年6月に「住宅宿泊事業法」（民泊新法）[3] が正式に施行されてから，今までグレーゾーンだった民泊が完全に合法化した。民泊市場の健全な発展を機に，民宿や民泊を好む中国人観光客が

安心して利用できるようになり，利用者が各地のコミュニティ社会に入るための新たな環境整備の効果をもたらした。

⑷　買い物型から生活体験型への転換

　訪日中国人観光客総数の大幅な増加とは反対に，中国人観光客の消費総額が減少する傾向がある。日本の観光庁は，中国人観光客による化粧品や健康食品などの消費減少が主な原因と分析している。2015年頃，東京銀座などの繁華街で大きなスーツケースを引きずりながら歩く観光客の光景が，各メディアに度々取り上げられ，「爆買」という流行語が生まれるほど，中国人観光客の爆発的な買い物が話題になる時期があった。しかし近年，これに関連する報道が一段落し，「爆買」も過去の話題になってしまうなか，体験型のレジャーや趣味にあった観光スポット巡り，各地のグルメを堪能するなど，日本の良さに一歩踏み込んだディープな旅の人気が高まっている。中国人観光客は旅のクオリティーを求めてその地域の文化にふれあい，独特な風情を体験するなど，ディープな観光をますます重視するようになっている。春の花見，夏休みの親子旅，島巡り，秋の紅葉，冬のスキー，温泉旅など，日本への旅行では，もはやハイシーズンとオフシーズンの区別はなく，四季を問わずに異なる体験や遊びを堪能するようになっている。

⑸　中日間の国際観光コミュニティの出現

　上述のように，近年の訪日中国人観光客が日本各地の観光地を訪れ，地元住民との交流の深化により，訪日中国人観光客と観光地の居住者を主体とする，中日間の国際コミュニティが形成される可能性は否定できない。

　一昔前の中日観光市場のビジネスモデルは，観光客は「お客様」としての属性が強く，中国「民衆」としての属性から程遠い存在であった。背景には中国の一般市民が個人旅行で訪日することはほぼ不可能であり，訪日できたのは役人や経営者，あるいは一部の富裕層などに限定されていたことがある。2000年以降，団体ビザが発給されたが，訪日旅行商品の価格は当時の中国国民の平均

第6章　中日間の国際観光コミュニティの形成　105

年収を遥かに上回り，訪日団体旅行ビザの取得条件を満たすには，不動産の所有や高額の定期預金などが求められ，とても一般大衆の手に届くはずがなかった。そのため当時の旅行商品開発はもっぱら観光地そのものに注力し，観光客が観光地コミュニティとのふれあいに関心を示すことはほとんどなかった。

　団体観光客は遠くから富士山を眺めたが，静岡県や山梨県を訪ねることを知らなかった。観光客は，日本という観光地に「中国の非日常」を味わうばかりで，「日本の日常」を体験することはなかった。観光客は高額の費用を支払って銀座で歌舞伎を鑑賞することがあっても，隣の新橋のサラリーマンが常連の居酒屋に入ってみるという考えはなかった。このような訪日商品企画のもと，観光客は観光地のコミュニティから遠のき，観光地の居住者とのつながりを形成することができなかったことはいうまでもない。

　既述のように，世界は急速なIT技術の発展を遂げ，個人手配旅行の利便性が大幅改善されている。マスツーリズム時代に伴うアウトバウンド観光の中国と，観光立国によるインバウンド振興の日本，両国ともに観光産業発展の新たな段階に突入している。訪日中国人観光客は限られた高所得階層から一般大衆化への転換により，旅行の形態も団体旅行から個人旅行を主とする形態に変わっていく。そのなかで訪日を繰り返すリピーターが徐々に定番観光客になり，彼らは日本の地域コミュニティを好み，地域コミュニティに関する知識，情報を持ち，「中国の非日常」から「日本の日常」を体験する目的で日本を再訪問している。

　これらの目的に応えるために，観光地居住者からなるアクターたちも積極的に対応し，観光による地域振興を図るプロセスの中で，中日共同による新たな中日間の国際観光コミュニティを作っていくことになろう。これらの現象の終着点は，訪日中国人観光客の「お客様」という属性から，中国の「民衆」として観光地に入り，地元コミュニティの日常体験を通して観光地の文化や地元住民の考え方を知り，そこからより多くの交流が生まれ，価値観の共有を図っていくことになる。これこそ中日間の国際観光コミュニティのあるべき姿といえよう。

2 中日間の国際観光コミュニティの形成要因

2018年の訪日外国人総数に占める中国人観光客の比率は26.9％に達し，これまでの最高を記録したが，中国人のアウトバウンド観光客総数に比べると，わずか5％にすぎず，とても高い比率とは言い難い。中日間の新規路線の就航，フライトの増便，また2019年よりさらなる査証発給要件の緩和や，特に中国内陸地からの観光客に対するアライバルビザ[4]の発給の緩和により，中国人訪日観光客数は今後さらに増加していくとみられる。

観光は経済，社会，文化，政治などさまざまな要因が組み合わされた経済活動であり，影響を及ぼし得る要因も非常に多い。これらの要因としては，観光客の心理的期待の変化，消費者需要の変化，観光への投資や観光経済構造の変化，技術の進歩と応用，経済システムの変化，観光資源の供給や開発，政治経済状況の変化などが上げられる。観光商品自体は，その多様性と相互関係に基づく相互依存的な特性があり，購買に対する意思決定は複雑な現象といえる。観光客に選択を促す意思決定において，大きく個人の決定要因と外部の決定要因に分けられる。個人的な要因はさらに個々が置かれている経済・所得状況，知識や情報の収集・分析能力，それぞれの知覚・経験に細分化することができる。外部要因としては，友人や家族の影響，観光産業の営業活動，メディアの影響，国内外の政治的・経済的・社会的及び技術的要因等に細かく分類することができる。以下は，特に外部決定要因を中心に概観する。

(1) **中国国民所得の持続的増加**

観光客送出地の経済水準は旅行者の余剰時間と所得水準に直結し，旅行自体に対する需要と消費水準に直接的な影響を及ぼす。一般に国民経済の発展水準が高ければ，国民が自由に使える時間と収入もそれに相応して増加する。結論からいえば，観光客送出地の経済成長は旅行消費構造に影響をもたらす最も根本的な要因といえる。2010年中国のGDPは日本を抜いて世界第2位になった。1人当たりのGDP水準も4,000ドルを超え，アウトバウンド観光に必要な所

得水準に到達したといわれる。実際，これを機に中国国民によるアウトバウンド観光客が急増したのは事実である。

旅行消費は人々の高次元の欲求を満たす消費行動である。人々は一定以上の時間と金銭の余裕を有するときにのみ，はじめて非日常の旅行に出かけるようになり，心の中の潜在的な欲求が物理的な需要に姿を変えていく。旅行者の収入が高ければ高いほど，また自由に使える時間が多ければ多いほど，旅行に対する欲求もそれに比例して高まり，旅行商品を消費する土壌もより潤沢になる。つまり旅行を計画する者の所得が増えれば増えるほど，旅行に対する欲求が高まり，その結果，旅行消費水準の上昇を促すことになる。こうした現象の表れとして，「爆買」が2015年度日本流行語大賞に選ばれるほどであった。

中国国家統計局によると，2008年～2018年の間，国民人1人当たりGDPは2.41万元（当時レートで約40万円）から6.5万元（同約106万円）に上昇し，その間の年平均上昇率は10.4％に達した。これは訪日中国人観光客数の大幅な増加と密接な関係を示している。国土交通省観光庁2019年3月の発表によると，2018年訪日観光客のうち，中国人観光客の消費額が最も高く，総額1兆5,450億円に達し，観光消費全体の34.2％を占めるに至った。また，1人当たり消費額は22.5万円であり，全体平均の15.3万円（図表4－7）を遥かに上回っている。

近年中国では経済成長率の減速がみられるが，依然として6～7％の高い成長率を保持し，国民所得が引き続き高い伸び率で持続することが期待される。これらは訪日中国人観光客による観光消費，特に「コト消費」の潜在的な拡大要因になろう。

(2) 日本ビザ緩和策のさらなる推進

2003年3月，日本政府は国内経済の浮揚策として「観光立国」を打ち出した。豊富な観光資源に恵まれる日本にとって，観光はまさに地域経済活性化を促進する新たな原動力になる。査証緩和をはじめとする各種施策は，観光客の誘致に大きく貢献している事実がある。

中国に対して，団体旅行査証の発給は2000年より正式に開始した。当初の発

給対象範囲は北京，上海，広東省などの居住者に限られていた。2004年には天津市，遼寧省，山東省，江蘇省，浙江省まで拡大され，さらに2005年7月には，8つの省と都市の居住者に限られていた団体旅行ビザの発給緩和は中国全土へ拡大された。

　個人旅行のビザ発給は2009年7月より開始されたが，申請窓口は北京，上海，広州の日本領事館に限定され，年収25万元以上であることが条件であった。その後2010年7月から年収に関する条件は10万元以上に引き下げられ，資産要件を満たさない者および16歳未満の未成年者は家族や親戚からの資産証明を提示すれば単独の査証発給が可能となった。受理窓口も中国本土すべての駐中国日本大使館および領事館に拡大された。

　2011年7月，中国全土において，沖縄を目的地とする中国人観光客に対し3年間有効の数次ビザの発給が解禁された。「数次ビザ」のメリットを生かして，日本政府は引き続き査証発給要件の緩和を進め，2017年5月より中間所得層と高所得層の中国人またはその家族に対して有効期間が3年間と5年間数次ビザの発給を開始している。外務省のデータによると，2017年に中国人に対して発給した査証件数は，前年比6.6％増の450万件に達し，4年連続の記録更新となった。そのうち，通常業務の商用，留学などを除き，個人旅行ビザ・団体旅行ビザおよび数次ビザを合計すると，各種ビザ発給数の67％を占めている[5]。これらのビザ緩和策はいうまでもなく訪中日国人観光客の訪日誘因となり，近い将来の中日間の自由往来の礎となることが期待される。

(3)　メディアによる各種観光情報の広報

　旅行者は旅行に行きたいと思い立ち，最終的に旅行の意思決定を下す前に，目的地に関するさまざまな情報の入手が不可欠である。観光目的地の文化，歴史，風土，自然景色などを知るには，まず旅行実施前にそれら情報を収集し，信頼性や実現可能な旅行プランを決める必要がある。そのため，できる限り観光情報の入手に努めることになる。自らの観光ニーズを分析し，それを満たすことのできる選択肢を決定するため，理解，分析，評価，判断のプロセスを踏

む。このプロセスで宣伝が重要な役割を担うのはいうまでもない。観光情報の伝達，観光イメージの確立，そして観光地知名度の引き上げなど，メディアの存在は不可欠である。また観光への関心を喚起し，観光意欲を刺激し，観光目的地の選択を促進する上でもメディアは重要な役割を果たす。さらに観光へのリスク意識の解消や，安全感と信頼感の醸成・強化，旅行者の観光への意思決定を安定させ，確定させる面でもきわめて重要である。

　高度情報化の進展に伴い，インターネットを駆使したメディアは，情報の即時伝達に権威性と信頼性を与えている。人々は時間とエネルギーをメディアの活用に投入し，それとの引き換えに外界の情報を受け取る。ラジオ，テレビ，インターネットやSNSなどのメディアは，単なる観光宣伝のキャリアとしてではなく，情報入手のツールとしてその重要性が認められる。そして，新しい観光消費情報と消費コンセプトを広め，新しい消費方法を提唱することによって，観光消費を導く上で重要な役割を果たしている。

　2008年には中国の映画監督馮小剛が北海道をロケ地として「狙った恋の落とし方」（中国語：非誠勿擾）と題する映画を製作し，クリスマスの時期に合わせて上映された。映画のロケ地となった小樽，札幌等の美しい雪景色とロマンチックな雰囲気は中国の観光客に強烈なインパクトを与えた。映画をきっかけに北海道への観光ブームが加速し，ロケ地を実際に訪れ，美しい景色を堪能することが多くの観光客の目的となった。

　同時に美しい北海道の自然に感動し，北海道に住んでみたくなるという，中国人観光客による北海道不動産投資のブームも現れ，北海道地域の発展に新たなに活路を見出すことになる。北海道観光局によると，2009年に北海道へ旅行した観光客数は，2008年に比べ0.5％減の4,682万人であり，近年では最少となった。同年円高の影響もあり，これまでの主要な客源であった韓国，台湾からの観光客はそれぞれ前年比2.7％，20.5％の減少となり，外国人観光客数は全体で2％減少した。にもかかわらず中国からの観光客は同年9万2,700人に達し，前年比約2倍という増加率を誇った[6]。一本の映画が北海道に中国人観光の火付け役となり，地域経済に計り知れない経済効果をもたらすことになっ

たのである。

⑷　中日両国文化の相似性と政治環境の好転

　国際観光は国境を跨ぐ人的移動であり，異文化の伝達と交流の手段でもある。地球規模の文化交流の伝達手段として発展し続ける国際観光産業は，その影響力が増しつつある。旅行者は目的地に赴き，目的地にいる間にその地の文化に触れ，実感し，帰国後に身の回りの人々に伝える。これにより両国間の互いの文化に対する理解と認識を深め合うことができる。国際観光のグローバル的な進展を見せる今日において，他国文化と自国文化の相違に対する認識が深まり，相互理解が一層促進される点に着目すれば，国際観光は平和産業そのものであり，国際観光がグローバル社会の相互理解の促進に果たす役割は計り知れないものがあると言わざるを得ない。

　一衣帯水の隣国として，中日両国の文化には相似性があると同時に，相互に異なる特徴も持ち合わせている。互いに古き時代より儒教思想の影響を受け，権威ある者を尊重し，共に尊卑ある厳しい社会的身分秩序を持ち合わせている。中日両国は互いに他から受けた影響が多々あるため，両者の思考回路，行動基準，そして意思表示の面においてさまざまな差異も存在する。誤解と摩擦を回避するためには，両国民が客観的な視点を持つ必要があり，互いに自己を相対化する能力を身につけることが不可欠である。これらの差異を埋めるためには観光客と居住者との交流による相互理解が最も効果的な方法となろう。

　国際観光はこれをとりまく環境に強い依存性を持っており，政治情勢を敏感に反映する。ある国の国内情勢が平穏であれば観光客が安心してその国を訪れるが，反対にその国の政治情勢が不穏な動きを見せた場合，観光客がたちまちその影響を受ける。近年，中日間の政治情勢は改善の兆しを見せている。中日政府要人の頻繁な接触，民間企業人の交流，そして，青少年交流など，両国間における友好交流促進の機運が盛り上がりつつある。こうした政治関係の改善は，両国間の観光交流にプラスの作用を及ぼすことに間違いはない。

❸ 中日間の国際観光コミュニティの発展の意義

　近年，中国の経済成長率は減速傾向にあるものの，持続的な成長と都市化，そして国民所得の増加は，今後も継続すると見込まれる。アウトバウンド観光もそれに合わせて，需要は底堅いものがある。日本は独特な文化的特性と地域的特性を持ち合わせているため，今後引き続き中国人観光客にとり魅力的な存在であり，海外観光の主要目的地であり続けると予測される。日本政府も観光サービスの品質向上と改善を図るとともに，新しい観光商品の創出による訪日観光の魅力を高めようとしている。これらも中国人観光客の日本への再訪の意欲を高める背景となる。

　本書第2章においては，観光客が観光地のコミュニティに入り，居住者とのつながりの深化を通じて，国際観光コミュニティを形成していくと強調した。その意味で，中日間の国際観光コミュニティはまだ完全ではないが，ひな形はすでに完成しつつあり，今後さらに発展していくものと考えられる。国際観光コミュニティには以下のような促進力が作動し続けることが期待される。

(1) 両国安定的発展への促進力

　近年，両国首脳間の公式，非公式の訪問や会談が立て続けに行われ，両国間に存在する諸問題点に関する意見交換が行われ，双方が関係改善の重要性を確認している。2018年版の『外交青書・白書』[7]では，中日外交政策への評価が「改善の勢い」から「前例のない中日関係の改善」に改められ，両国間の平和と友好は双方の洞察力ある有識者の共通認識であると指摘された。一方両国の政治関係にはまだ多くの問題が見え隠れしており，今後互いの発展に「ポジティブなエネルギー」を注入するために，国同士の交流を強化し，政治的相互信頼を強化することは不可欠であると強調した。そのために観光市場としてできることにはすべて取り組むという姿勢が必要である。公共文化やスポーツ団体，若者，学校や企業などのさまざまなレベルでのコミュニケーションを促進するための通信プラットフォームを構築する場として，姉妹都市関係の締結を

促進し，観光協力に促進効果のある諸政策を積極的に推進して観光開発に強力な後押しを提供することは，具体的な効果が期待できる施策である。こうした活動のすべてが，中日間の国際観光コミュニティを通しての活動であり，また中日間の国際観光コミュニティに対する働きかけとなる。

　両国の政治関係改善から生まれる観光交流のさらなる促進力は，中日間の国際観光コミュニティの構成員によって生まれ，彼らはアクターであると同時に受益者でもある。利益を享受したアクターたちは，この利益をさらに拡大するためのコミュニティ活動を一層活性化させるという好循環が生まれるはずである。このようにしてコミュニティの構成員メンバーである中国人観光客と観光地の日本人居住者との間の交流進化は，少なくともこのコミュニティに所属する中国人と日本人の関係が改善，強化されるものとなる。そして，これは中日両国全体の政治関係に良好な影響をおよぼすことになろう。

⑵　地方創生への促進力

　日本政府は2020年のインバウンド観光客の誘致目標として4,000万人を掲げている。この目標を実現するために，オリンピック開催期間中に多国，多地域からの観光客を受け入れられるよう，日本政府は継続的に産業構造を調整し，観光文化に深みを加えるためのさまざまな施策を講じている。特に日本の美しさを感じてもらうための，都市圏などの観光ルートに限らず，地方都市を中心に新規観光ルートを開発するため，予算措置を講じている。すでに成熟している観光ルートに対しては，既存の観光資源をより深く掘り下げ，より特色のある観光商品を開発し，観光文化により多様性を持たせ，訪日客の満足度を高めるように，観光商品の新規開発，観光環境の整備，観光品質の向上などに取り組んでいる。

　これらは，訪日中国人観光客のうち，リピーターを中心とする層の訪問地が，従来の三大都市圏から徐々に地方へとシフトさせていく効果を持つことになる。地元住民との気軽な交流，田園風景，里山などの自然美を実体験し，地方独特の郷土料理を堪能するなど，いずれも大都市圏にない要素で，訪日中国人観光

客にとっての魅力となる。新たな発見は，さらなる訪日意欲を促進し，地方再生は中日間の国際観光コミュニティを通じて促進されていくものになろう。

(3) 文化交流への促進力

　2018年，中日間の人員交流は1,100万人を超えた（図表4‐14を参照）。これらの交流のうち，特に文化交流が中心であり，中日の青少年が交流活動の主役となる。文化交流は，国民レベルの国と国との関係改善の礎となり，中日間の国際観光コミュニティを促進する源となる。

　観光の発展は中日文化交流のなかの重要な部分として，同時に互いの理解と友情を深めるための架け橋でもある。「希望が社会にイノベーションをもたらす」という考え方は，次世代の中日両国の若者が共有する価値観である。互いの文化に対して敬意を表し「小異を残して，大同につく」をモットーに平和的に交流を深めていけば，未来における両国間の競争の核心は文化面での「ソフトな競争」に変わっていくことになろう。

　両国を含む東アジア地域の開放と包容力の根源はやはり文化の融合と蓄積にあり，これは両国の国民が互いの文化に存在する異同を十分に理解し，特に「異なる部分」に対して十分な理解力と包容力をもって受け止め，相手の優れた部分を吸収し，自分自身の長所として取り入れ，次々と新しい局面を打開していかねばならない。文化面の交流と協力は中日関係を今後さらに発展させていくなかで，根深い相互不信を解き，相互信頼の方向へ路線を修正していく上での要である。これは両国の観光市場の発展に決定的な作用を及ぼすものであり，同時に逆に，活発な観光産業を通した人々の交流が互いの文化に対する認識を深め，共通点の発見を通じた文化共同体を構想し，その構築に向けて手を携えて進む決意が，新時代の共益的な中日関係にポジティブなエネルギーをもたらす。ここには，中日間の国際観光コミュニティの文化的共通認識に基づく，実務協力促進作用が存在している。

　2018年に行われた第14回中日共同世論調査（以下「共同調査」と略す）では，日本に対する中国側の印象について「良い」または「比較的に良い」との回答

が42.2％であるのに対し，中国に対して好印象を持っているとの日本側の回答はわずか13.1％にすぎないという調査結果がある[8]。両者に大きな「温度差」が存在する。その背景には観光交流があると考える。青少年層は社会の中で最も発信力を持つ存在であり，両国間相互交流の開拓においてはまだ大いなる可能性が秘められている。既述のように，訪日中国観光客が急増するなか，特に若い世代の存在によるところが大きい。彼らのインターネットやSNS等を駆使し，来日前から日本の観光情報を共有し，来日後，現地での観光情報を随時に発信するという観光スタイルは，地方の魅力的な観光情報を拡散していくだけでなく，まだ観光に行っていない，あるいは次回の観光を計画する仲間が日本への観光にあこがれ，日本に対する好感度をアップさせる結果につながるものとなるのである。

(4)　健全なメデイアへの促進力

　前出の中日両国の世論調査によると，調査を受けた中国人のうち，自国メデイアが両国間理解の相互促進に対して「大いに貢献した」，あるいは「貢献した」と考えた人の割合は86.6％に達する。また相手国や中日関係に関する情報源として両国民とも90％前後が自国のニュースメデイアをあげている。なかでも両国ともにテレビを選択する人の割合が突出しており，中国側ではその比率が60％を超えている。この調査結果は，メデイアが社会世論の牽引に対して非常に強い力を持っていることを意味する。

　国交の根本は国民の交流にある。正しい世論の牽引があってこそ，国民間の相互理解が高まり，真の意味での民族の和解が成しとげられる。中日友好条約締結40周年を迎えたこの機に，互いに客観的な立場に立ち，そして，自国民に正確にかつ理性的な理解認識を促すよう働きかけることは，真に中日間の信頼関係の回復に資すると考える。その意味で，中日間の国際観光コミュニティの発展は，両国メデイアに有益な情報を提供し，より広い範囲で民意に立脚した社会文化交流の基礎を作っていくことになる。これらを通じて，より多くの中国人観光客が日本を訪問し，訪日インバウンド市場のさらなる発展に積極的役

第6章　中日間の国際観光コミュニティの形成　115

割を果たすことになろう。

注

1 ）中国新聞網，2018年11月14日発表。
　　https://baijiahao.baidu.com/s?id=1617093278878681520&wfr=spider&for=
　　pc&isFailFlag=1&from=singlemessage&isappinstalled=0（2019年 6 月 6 日閲
　　覧）
2 ）2017年 6 月 8 日，Airbnb ニュース。
　　http://www.sohu.com/a/147188091_439726（2019年 6 月 6 日閲覧）参照。
3 ）「住宅宿泊事業法」は2018年 6 月15日閣議決定を経て施行された。
4 ）VoA: Visa on Arrival. 観光，社会文化訪問（親族，社会文化団体，教育機関
　　訪問），商用訪問（会社訪問，商談，会議出席等，就労を伴わないもの），政府の用
　　務を目的とする30日以内の滞在については，主要空港又は港において入国時に到着
　　ビザの取得が可能なビザ。
5 ）2018年 5 月19日，外務省が発表した「平成29年ビザ発給統計」より。
6 ）北海道観光局「北海道観光入込客数の推移」
　　http://www.pref.hokkaido.lg.jp/kz/kkd/irikominosuii.htm（2019年 6 月 6
　　日閲覧）参照。
7 ）外務省2018年度『外交青書・白書』「第 2 章　地球儀を俯瞰する外交」より。
8 ）言論 NPO「第14回中日共同世論調査」
　　http://www.genron-npo.net/pdf/14th.pdf（2019年 5 月16日閲覧）参照。

訪日中国人観光客対象の アンケート調査

第

7

章

　国際観光コミュニティは，非居住者である観光客と受け入れ側の居住者から構成される。双方は，第2章で言及した「AISASの法則」に従って，観光地について観光客が「観光客が初めての発見」⇨「観光地への関心の深化」⇨「さらなる情報収集」⇨「訪問の実行と再訪の約束」⇨「友人への推奨」という，観光客と観光地の間のつながりが次第に強まっていくことから，国際観光コミュニティが形成されていく。そのプロセスを明らかにするためには，アンケート調査という実証研究の手法を導入する必要がある。

1　仮説と目的

　本アンケートの仮説は，訪日中国人観光客はバーチャル空間での認識から訪日動機を形成し，リアル空間で実際に体験することを通じて，訪日観光の本当の価値を理解する。これによって，中国人観光客の日本観光地に対する認識を深め，再訪意欲を形成し，再訪を実現する。中国人観光客は居住者とのつながりの強化により，日本社会の一部の価値観を共有するようになり，こうして中日間の国際観光コミュニティが形成されるのである。

　上記仮説を証明するために，本アンケートは訪日中国人観光客が日本社会とのつながりの深化過程を検証し，中日間の国際観光コミュニティの形成のプロセスを把握する。具体的には，バーチャル空間での認識から旅行の動機を形成し，リアルな空間で実体験するという観光目的の実現，これによって観光地に対する認識を深め，再訪意欲を形成し，再訪を実現するというプロセスを明らかにする。再訪の実現により，中国人観光客が居住者とのつながりを築き，日本社会との一部価値観の共有を通じて，中日間の国際観光コミュニティの一員

になっていく実態を確認する。

本アンケートの仮説と目的をより効果的に考察するために，①「訪日中国人観光客の属性」，②「訪日動機の形成」，③「実際の旅行体験」，④「再訪意思の形成」，⑤「再訪の実現」という５つのカテゴリーに分けてこれを実施する。

2 調査実施

本アンケートは中国衆信旅行社の協力を得て実施された。

訪日中国人観光客対象のアンケート実施

実施期間	2019年2月16日～3月15日
実施対象	訪日中国人観光客2,028名
有効回答	2,028件（男性：752件，37.1%，女性1,276件，62.9%）
実施形態	訪日旅行後無償実施

(1) 訪日中国人観光客の属性に関する質問

質問1 あなたの年齢：24歳以下，25～40歳，41～60歳，61歳以上

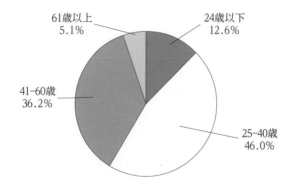

年齢設定は，若年層（24歳以下），青壮年層（25～40歳），中高年層（41～60歳），高齢層（61歳以上）向けに設定しており，今回の調査対象は青壮年層（46.0%），中高年層（36.2%）が全体の8割以上を占めている。

質問2 あなたの学歴：高卒・専門学校及び以下，短大卒・大卒，大学院以上

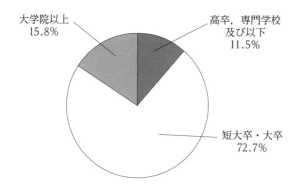

中国では1978年に大学入試が復活して以来，約8,400万人[1] が短大・大学を卒業しており，2017年現在の大学進学率は51.1％に達している[2]。これに対してアンケートでは88.5％の回答者が短大卒以上の学歴を有していることから，訪日旅行者は高い学歴を有することを示す。

質問3 あなたの職業：学生又は無職，会社員又は公務員，自営業，定年退職

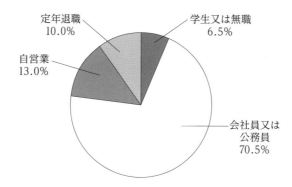

質問は中国社会の職業分布の習慣に従って作成される。調査対象者のうち，会社員や公務員が7割以上を占めており，安定的な所得を得ている人が主な旅行参加者層となっていることがわかる。それに次ぐ自営業は13％を占めている

ことも一定レベルの所得があることを意味し、訪日観光の主要層は安定的な所得が得られていることが推測される。

質問 4 あなたの世帯年収：15万元未満，15～30万元未満，30万元以上

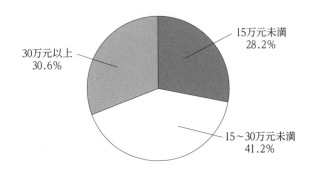

中国西南財経大学「中国工薪阶层信贷发展报告」の調査データによると，2017年の時点に中国の世帯平均年収入は8.4万元で，その中で，26.9％の世帯はサラリーマン世帯である。サラリーマン世帯の平均年収は15.4万元である[3]。今回の調査では，15万元以下は平均所得より低い都市世帯に属し，15万～30万元は中高所得層，30万以上は富裕層となる。アンケートにはこれらの3つの層が含まれている一方で，中高所得層41.2％と富裕層30.6％で，両者を合わせると，7割を超える結果となる。このことから訪日旅行は高所得層が中心であり，一般所得層にはまだ完全に普及していないことがわかる。

質問5 あなたの日本語能力：ない，初級〜中級レベル，業務レベル

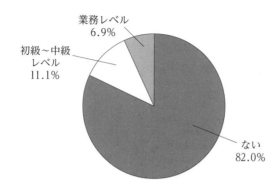

　回答者の8割以上が日本語能力を持っていないということは，日本語教育を受けたことがないことを示す。ただし，前記の8割以上が青壮年と中高年を占めていることから，回答者は日中平和友好条約後の，日本の映画やドラマに影響を受けた世代であり，中国改革・開放後の日本経済の発展を実感した世代でもある。彼らは日本文化の受容に抵抗感が少なく，日本観光に積極的な層だといえる。

質問6 あなたの訪日経験：今回は初めて，2〜4回，5回以上，日本に定住したことがある

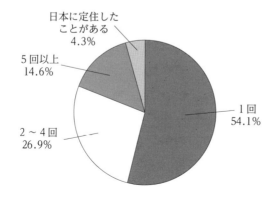

調査結果からリピーターが5割近くに達し，なかでも5回以上の再訪経験者，定住経験者が約19%に達するなど，中国人観光客の再訪意欲を再認識させる数字となっている。

以上より訪日中国人観光客の属性をまとめると，2,000名以上の調査対象から，まず女性の観光客が多く，全体の63%を占めている。年齢と職業構成は中国社会の現状とほぼ一致し，目立った偏りはない。また回答者の89%が高等教育を受けており，72%の世帯収入が15万元を超えていることから，訪日中国人観光客は高学歴で中高所得層と富裕層に集中していることがわかる。

(2) 訪日動機の形成に関する質問

次に訪問の動機を分析する。国際観光コミュニティの形成過程から，観光客はまずバーチャル空間（メディア，インターネットなど）で観光地の受け入れ側が提供する情報を識別し，観光地の価値に対する認識に基づいて判断する必要があり，訪問準備が始まる。この段階で注目すべき点は，観光地情報を得るための観光ルートの確認と訪問の動機となる観光地の価値である。

質問7 一般的に，旅行の目的地を選ぶ主な理由は何ですか。

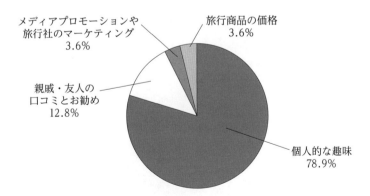

旅行目的を決めるには，「個人的な興味」が約8割を占めている。ただしこの数字の裏には，旅行を決める過程において，親戚・友人の紹介や，各種メ

ディアからの情報収集，そして，旅行商品の価格などを総合的に判断することがあると推測される。また「親戚・友人の口コミとお勧め」の割合は，「メディアプロモーションや旅行社のマーケティング」の2倍以上に達しており，バーチャル空間におけるSNSの重要性が証明される。

質問8 今回の旅行で，他の目的地ではなく日本を選んだ理由は何ですか。（複数回答可）

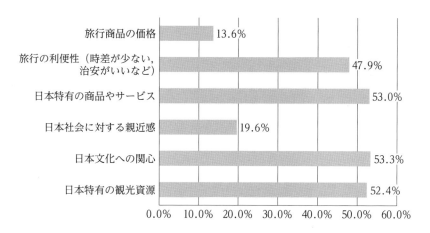

質問7で示した「個人的な趣味78.9%」の結果を勘案すると，「日本文化への関心」と「日本特有の観光資源」の割合が高くなる傾向が予想されるが，「日本特有の商品とサービス」の割合も高いということは，他のアジア観光地では見られない現象であり，日本独特の消費価値の高い商品やサービスが認められていることを意味する。「旅行の利便性」の割合も非常に高く，これはリピーターの増加要因のひとつといえる。

質問 9 今回の旅行消費は，予算的にどのように感じますか。

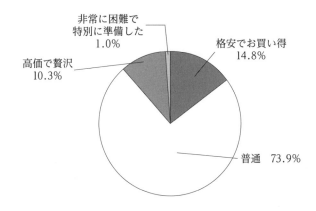

　「高価で贅沢」や「困難で特別に準備した」（10.3％＋1.0％）と感じる回答者の割合は，質問4の「世帯年収15万元未満（28.2％）」より少なく，一方で，「格安でお買い得」と感じる回答者数は14.8％と，質問4「世帯年収15万以上（30.6％）」よりも少なかった。概して，今回のアンケートに参加した中所得層以上の回答者にとっては，訪日旅行が一般消費財に分類される可能性が高い。

　カテゴリー2をまとめると，中国人観光客の訪日旅行は，主に個人的な興味で決める割合が全体の79％を占め，友人の口コミは13％と，メディアプロモーションや旅行社のマーケティングの4％より多い。日本の観光地の価値は予想以上に豊富で，観光名所などの観光資源（52.4％）と伝統文化（53.3％）以外に，特有の商品とサービス（53％）及び旅行利便性（47.9％）も重要な観光地の価値である。また7割以上が訪日旅行は手ごろな旅行商品であると考えていることがわかる。

(3) 実際の旅行体験に関する質問

次に旅行における体験についての回答を分析する。国際観光コミュニティの形成において，観光客はバーチャルな情報収集から，リアルな観光地に入り，実際に観光を体験することが最も重要とされる。観光地での体験は，その後のリピーターとしての再訪を左右するものであり，実際の旅行体験は何よりも重要である。

質問10 今回の訪日旅行について，あなたの全体的な感想を教えてください。

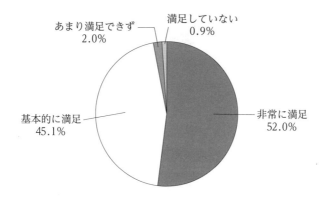

「非常に満足」と「基本的に満足」を足すと，97.1％という高い満足度である。特に52.0％と過半数の回答者が非常に満足しているという回答は，中国人観光客の訪日旅行に対する高い評価を示している。この高い満足度は，リピーターを作るための必要不可欠な条件といえる。

質問11 今回の旅行の中で，何か一番良かったと感じますか。（上位3項目選択）

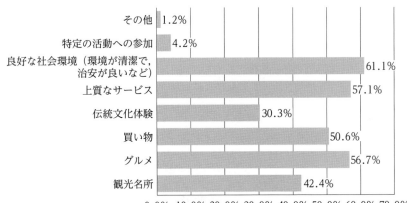

　最も良かったのは「良好な社会環境」であり，これに次ぐのは「上質なサービス」であった。これらの項目が「グルメ」「買い物」よりも高い値を示したことは，日本社会の良さが中国人観光客に認められていることを示す。一時期，中国人観光客といえば，「爆買」といわれたほどの現象に変化が現れたといえる。これは，国際観光コミュニティの形成において，重要視とされる価値観の共有にも関連している。

質問12 自分と家族のために，日本で買った主な品物は何ですか。（上位3項目選択）

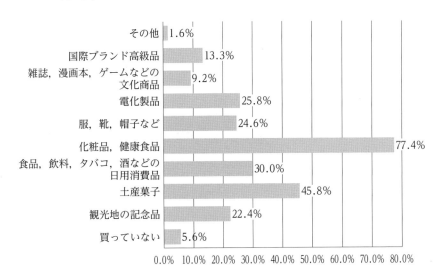

　訪日期間中購入したお土産のうち，「化粧品，健康食品」が約8割を占めていることは，日本の製品に対する安心感と健康志向からきたものと考える。それと同様な傾向としての「土産菓子」45.8％，「食品，飲料，タバコ，酒などの消費品」30％のように，中国国民にとって安心，安全な日本の食料品に対する需要があることが読み取れる。近年ネット通販では世界の人気商品がほとんど入手できるが，品質が保証されていないために，観光客が海外旅行中で買って帰ることが多くなる理由となっている。このように，中国人観光客は日本で造られたもの，日本で消費されているものに高い信頼を示しており，この面での価値観を共有しているとも考えられる。一方雑誌，漫画本，ゲームなどの文化商品の消費割合が低いことは，言語の問題と訪日客の年齢層に関係するという可能性がある。

質問13 今回の旅行中に，中国の親戚や友人に日本の商品を購入しましたか。

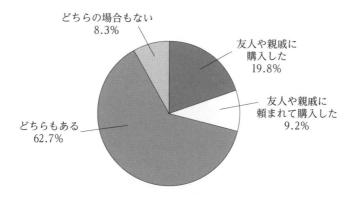

91.7%の回答者が親戚や友人に日本の商品を購入した。日本で購入したこれらの商品は，中国の親戚や友人に渡した時，日本の観光地の一部を切り取った日本の商品というリアルな空間を自国で再現する効果をもたらす。またそれらを見た親戚や友人にとっては新しい発見であり，やがて自分も日本へ行ってみいと考えるきっかけになる効果が考えられる。またこれらの商品は，日本の観光地に対する彼らの関心を高めるうえで，メディアプロモーションや旅行社の宣伝よりも一層効果的であろう。

質問14 友人のために日本で買った主な商品は何ですか。

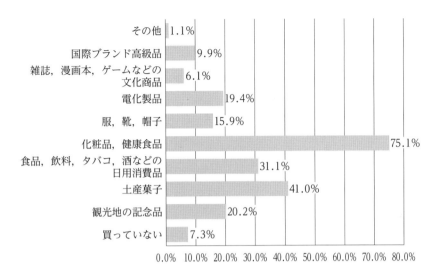

　結果は基本的に質問12に近い結果を示しており，人気の高い商品は「化粧品，健康食品」75.1％，「土産菓子」41％，「食品，飲料，タバコ，酒などの日用消費品」31.1％の順である。質問12との差が大きいのは「服，靴，帽子」と「電化製品」であり，友人のために選択した回答者がそれぞれ8.7％，6.4％比率が低いが，これらの商品はデザインにより好みが分かれやすいために，友人へのお土産としては選択されにくいものと考えられる。

質問15 買い物以外に，日本で受けたサービス（美容，医療など）はありましたか。

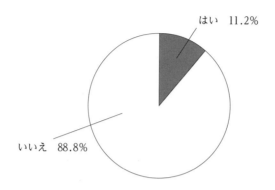

質問16 前の質問に「はい」と答えた場合，どのようなサービスを経験しましたか。

　買い物以外のサービスを受けた人は少なく，当初の来日目的や言葉の問題などがあると考えられる。一方回答者が一番多く体験しているのは，健康診断・眼鏡注文・歯のクリーニングなどを含む医療関連と美容である。ほかに温泉，マッサージ，足マッサージ，ライブショーなどの娯楽サービスを体験した人もいる。これは，観光のついでに質の高い医療サービスを受けるという心身ともにリフレッシュできる観光が人気の理由と考えられる。

第 7 章　訪日中国人観光客対象のアンケート調査　131

質問17　旅行中に，現地住民の文化活動が行われていることに気づきましたか。

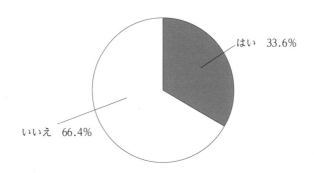

質問18　前の質問に「はい」と答えた場合，どのような文化的活動を見ましたか。

　さまざまな回答があったが，主なものは縁日などの「祭り」，神社やお寺などの宗教活動，花見などである。

質問19　もし現地住民の文化活動に参加する機会があれば，興味がありますか。

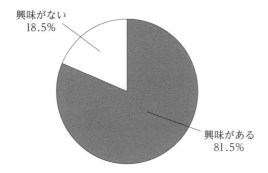

　8割以上の観光客が日本の文化活動に興味を示している。国際観光コミュニティの形成には，観光客が地域コミュニティに入り，居住者との交流を通じてつながりを築くことを重要な条件とし，価値観共有の機会もここに潜んでいる。

質問20 もし参加する機会があれば，どのような日本の文化活動に興味がありますか。

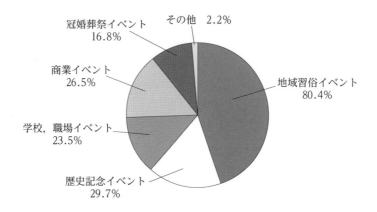

回答から，中国人観光客は日本の文化活動に高い関心を示していることがわかる。特に「地域習俗イベント」に関心を示す比率が8割以上とダントツに高く，観光地のコミュニティに入るための前提条件を満たすことになる。また，インバウンド観光を推進するにあたって，観光地の魅力アップを図るための，観光地づくりの推進実践においてもその価値を見出すことができ，観光産業の発展に寄与することが期待される。

質問21 旅行中に，SNSなど駆使して友人と旅行体験を共有しましたか。

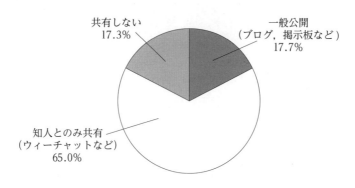

回答者の82.7%がSNSなどを使って知人・友人と旅行体験を共有している。これはバーチャル空間における旅行情報の共有が如何に重要であるかを立証する。回答者のうち，「共有しない」と答えたのは17.3%であるが，これは，一部SNSを使えない高齢者と低年齢層の参加者が含まれていると考えられる。これらの参加者を除けば，ほぼ全員がバーチャル空間における旅行情報の共有が行われたと推測される。

質問22 SNSを利用して旅行体験を共有した場合，一番共有したい内容は何ですか。

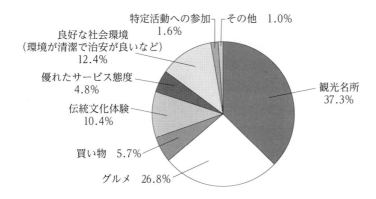

最も共有したいのは「観光名所」と「グルメ」である。同時に「良好な社会環境」は12.4%と高く共有されており，中国人観光客の日本社会秩序に対する肯定的関心を示している。

(4) 再訪意思の形成に関する質問

　国際観光コミュニティが形成される過程において,「再訪意思の形成」が重要な過程である。観光客は,観光地での実体験や,訪日前後,訪日中のSNSなどによる観光地情報の交換などを通じて,観光地に対する理解を深め,再訪に値する意思決定が形成される。

質問23　今回の旅行は,体験と価格を総合的に考えると,どのように感じましたか。

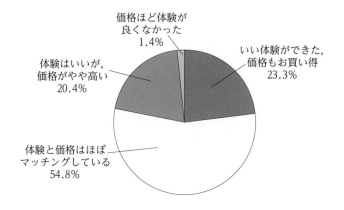

　回答は,質問4の世帯年収の分布,及び質問9の旅行消費に関連性がある。体験と価格に満足,またはほぼ満足の比率が8割近く達することから,中高所得層の観光客にとって,訪日旅行のコストパフォーマンスは一般的に受け入れられる水準に達しており,やがて,その下の所得水準層が日本観光に参入してくる可能性があると推測される。

第 7 章　訪日中国人観光客対象のアンケート調査　135

質問24　再度日本を訪れたいですか。

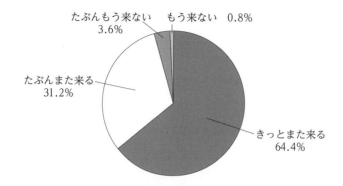

　再訪意欲を示す観光客は95.6％という高い比率に達し，なかでもきっと来ると回答したのは64.4％と，3分の2近くの観光客が強い再訪意欲を示し，リピーターとして国際観光コミュニティの一員になる潜在性を感じさせる。

質問25　また日本を訪れたい理由は何ですか。（複数選択可）

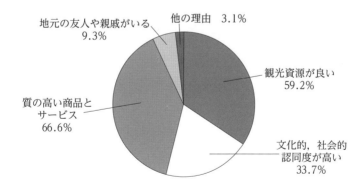

　「質の高い商品とサービス」が7割近い比率を獲得したことは興味深い。観光客が中国国内の商品・サービスと比較した結果といえる。また，6割近くが「観光資源が良い」と答え，日本の観光資源の価値が中国人観光客に広く認められたことを意味する。「文化的，社会的認同度[4)]が高い」のも3割を超え，

これらの観光客が日本社会への親近感があると理解される。これらの回答から，観光客が訪日前の高い期待値が訪日後維持されたままであり，次なる再訪に向けてさらに期待が高まったことを示唆する。商品とサービスは，日本の重要な観光地の価値であり，同時に観光推進の過程における重要な出発点であることが言える。

質問26 今までの海外旅行の中で，一番再訪したい国や地域はどこですか。

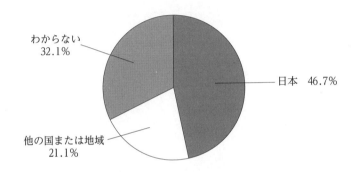

質問27 前の質問で「他の国または地域」を選択した場合は，それがどこかを教えてください。

 2つの質問に対して，回答者の半数近くが日本を一番再訪したい国と答え，訪日旅行満足度の高さを示す。なお日本以外の国・地域と答えたのは，欧州47％，北米15％，東南アジア13％の順であり，日本は中国人観光客にとって比較優位性を持つ訪問地となる。

質問28 今回の旅行後，親戚や友人に訪日旅行を勧めますか。

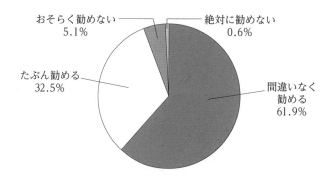

　94.4％の回答者が「勧める」と答え，質問7「旅行の目的地を選ぶ主な理由」と質問21「SNSによる旅行体験の共有」で示した結果との整合性が見える。高い評価，再訪動機の形成，SNSバーチャル空間での情報共有は，インバウンド観光を推進するための重要なファクターである。

　上記の再訪意思の形成に関する調査内容をまとめると，観光客の旅行終了後の日本での体験に対する評価は高く，旅行費用も受け入れられており，コストパフォーマンスが総じて良いという結果となっている。それを裏付けるように，観光客の全体が強い再訪意欲を示しており，日本社会に対する共感は旅行前と旅行後に変わらず高いレベルに維持され，やがて親戚や友人にも勧める結果が生まれる。再訪の意思を形成する主要要因は，他の観光地でも一般的に存在する「観光資源が良い」と，他の観光地では必ず存在するとは限らない「良質な商品とサービス」である。これは，訪日中国人にとって，これからの持続的な日本へのアウトバウンド観光の誘因であり，国際観光コミュニティを持続的に拡大していくための不可欠な条件である。

(5) 再訪の実現に関する質問

リピーターとして観光地を再訪することは、「国際観光コミュニティ」形成の最も重要な段階である。繰り返しの訪問を通じて、中国人観光客が観光地居住者との関係性を構築することが可能となり、一部価値観の共有化も図られていくのである。

質問29 今回の旅行で、現地住民と交流する機会がありましたか。

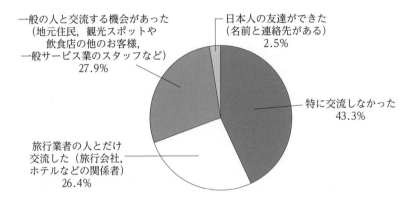

回答者の4割は交流の経験がなかったと答えたが、半数以上はある程度居住者との交流があったことを示し、望ましい現象といえる。ただし今回のアンケート回答者は、旅行社主催の団体ツアー参加者が中心であったため、地元コミュニティの居住者との交流の機会がほとんどなかったことが推測される。

質問30　「日本人は中国人観光客に対して親切で,特別な配慮をしていると感じる」について,あなたは賛同しますか。

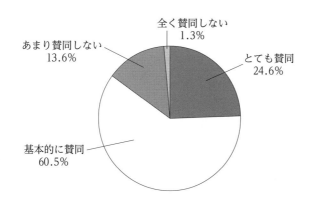

9割近くの回答者は,日本側の受け入れが親切で友好的だと感じている。この結果は,近年,中国が日本のインバウンド観光の主な客源国となっていることと密接な関係性があると考えられる。観光立国政策のもと,政府は交通や商業施設などに中国人観光客が利用しやすいように環境の整備に力を入れており,その成果が中国人観光客に感じ取られた結果といえる。

質問31　「今回の旅行体験で,私の日本に対する評価(国家,社会,文化,民衆)はより積極的になった」に対して,あなたは賛同しますか。

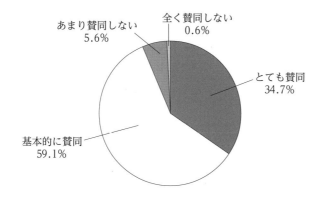

93.8%の回答者が日本旅行後の日本に対する認識が改善されたと答えた。前出の「共同調査」では、日本に「よい」対日感情を持っていると答えた中国人が42.2%であったのに対し、訪日中国人の対日好感度がかなり高いものといえる。訪日体験を通じて、日本社会に対する理解と評価が高まった事実を示しており、両国民交流の重要性を裏付ける調査である。

また日中間の国際観光コミュニティの構成メンバーである観光客は、特に対日感情が良好であり、「日本観光を楽しみたい」という共通の絆を元々有しており、その絆を自らの友人ネットワークに拡げようという明確な意志を今回の訪日で再確認したと考えられる。そして、そうした意志に基づく社会的相互作用が、今後確実に実行されていくものと考えられるのである。

質問32 「今回の旅行体験を機に、今後日本の文化や商業に関する動きにもっと注目したいと思う。」に対して、あなたは賛同しますか。

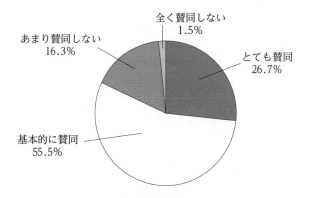

回答者のうち、8割以上の人が賛同を示し、訪日を機に日本の文化や商業活動に対する関心度が高められたと評価される。

質問33 賛同した場合，どのような点に注目しますか？

上記質問に対して，多種多様な回答が寄せられており，旅行関連の情報及び商品や文化に注目したいとの回答が多かった。ここからもリピーターとして繰り返して日本を訪問する可能性が，今回の訪日により一層高まったことが確認できる。

質問34 「今回の旅行の後，日本語を学び，日本文化をもっと理解するように努める」に対して，あなたは賛同しますか。

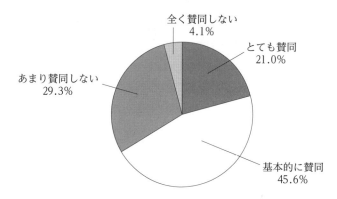

「とても賛同」と「基本的に賛同」を合わせると，7割近くとなり，訪問者の日本に対する好印象が再び裏付けられる結果となった。これは回答者の41.3％が41歳以上の中高年であることを考慮すれば，少なくともその7.9％以上が日本語を学んでみようという気持ちになったことを示しており，驚くべき相互理解促進効果といえよう。

質問35　「機会があれば，また日本の商品を購入したい，または日本のサービスを体験したい」に対して，あなたは賛同しますか。

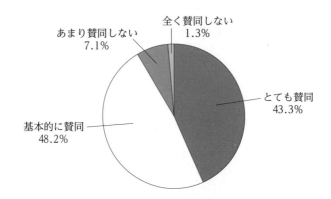

　9割を超える回答者が日本の商品・サービス利用に満足を感じ，再度購入，または利用したいと答えた。

質問36　賛同した場合，それはどんな商品やサービスですか
　回答は440件のコメントが寄せられ，質問12と14の回答とほぼ同じ，化粧品や健康食品などがあげられており，これらの商品が中国人観光客から高い評価を得ていることがわかる。また，サービスに関する回答としては，外国人に人気の高い温泉があげられている。

質問37 「今回の旅行の後,中国国内で販売されている日本ブランド商品やサービスに対する認同度を高めた」に対して,あなたは賛同しますか。

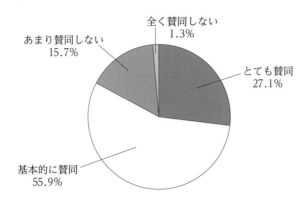

回答者の83％が中国国内の日本ブランドの商品に対してより肯定的な理解を示した。中国国内では,ネット通販で偽ブランドやコピー商品に関する報道が散見される中,訪日を通じて,本物の日本ブランドに対する印象が好転した結果が読み取れる。

質問38 「今回の旅行体験は,中国での私の日常生活習慣や理念を変えるでしょう」に対して,あなたは賛同しますか。

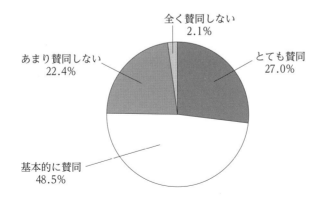

75.5％の回答者が，訪日旅行が自身の中国国内での生活習慣に影響を与えるだろうと答えた。訪日により，観光客が良いと感じた部分を今後，自分の生活の中に取り入れたいとの姿勢を見せた。「百聞は一見に如かず」といわれるように，訪日観光が観光客の対日感情改善効果にとどまらず，日本の良いものを自身の生活に取り入れたいとする自己生活改善効果までもたらしたことは，大いに評価に値するものであろう。

質問39 賛同した場合，それを具体的に教えてください。

この質問に対して，300以上のコメントが寄せられている。その内容は多岐にわたっているが，主として，「社会秩序67％」，「環境保護・エコ理念21％」，「ミニマリズムライフスタイル10％」，「職人精神２％」の４つの面である。中国社会では，物質的な豊かさを享受する層が増えつつあるなか，環境保護やシンプルライフ，高品質を作り出す匠精神への関心が次第に高まりつつある。日本での実体験は，やがて良い影響を中国社会中で広げていくものと期待される。なかでも，特に社会秩序がトップに挙げられていることは，成長を求める過程で人間の精神的なゆとりを取り戻したいと考える層が増えていることを示唆しており，日本国民が秩序を守りつつ社会生活を営む姿が，中国人観光客にとってあるべき姿と受け取られているものと考えられる。

質問40 「今回の旅行体験を機に,今後中国国内で出会う日本人にもっと親切に接する」に対して,あなたは賛同しますか。

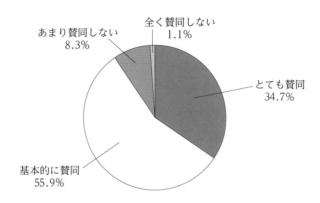

　90.6%もの回答者が賛同すると答えた。日中間の国際観光コミュニティのメンバー,あるいはやがてメンバーになる可能性のある訪問者には,訪日観光をきっかけに日本人に接する態度の変化が見られるようになり,自分が親切にされた以上,相手にも親切に接したいという気持ちの表れといえる。
　前出の「共同調査」の結果では,「よい」という対日感情を示した中国国民は42.2%でしかなかったが,ここでの回答はその倍以上の比率で対日好感情を示している。もちろん,ここでの回答者は日本を旅行の目的地に選んでいるのであるから,元々対日感情が良かった人の比率が中国国民全体の平均より高かったはずである。したがって一度の訪日旅行で対日好感情者の比率が42.2%から96.6%に高まったわけではない。しかし,少なくとも訪日観光問者のうちのかなりの部分が観光を通じて相手の国を知り,日本に対する親しみの度合いを大きく強め,つながりの感情の芽生えから,相手に対する好感度を高めたのは疑う余地がない。これこそまさに,国際観光コミュニティが形成されていくプロセスであり,中国人観光客と観光地の日本人との間に成立した共通の絆が,両国民の感情改善変化に有効であることを証明している。これは,今後の日中関係の改善にも活用できることを示唆している。

質問41 今後日本側が中国国内で文化交流活動を主催するなら、あなたは参加しますか。

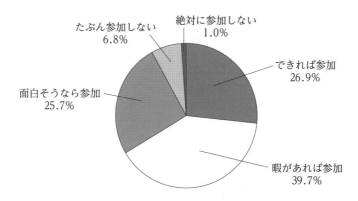

　回答者の91.2%が参加意欲を示し、改めて日本文化に対する共感と親近感を示している。

質問42 訪日旅行の感想（自由記述を求めたもの）
　約400件のコメントが寄せられ、旅行体験、日本社会への認識、価値観の共有、および対日感情の改善など、さまざまなトピックが取り上げられていた。紙面の関係で詳細な紹介は省略するが、ほとんどが前向きな姿勢で日中両国の関係を評価し、今後の共同発展を望む気持ちを強く感じ取るコメントである。

❸ 観光客サイドからの中日間の国際観光コミュニティの検証

　アンケート調査結果から、紆余曲折を経た日中関係から生じる国民感情の起伏は、その改善の可能性を示唆するものと理解される。「対象者属性」に関する質問では、全体の8割以上を占める日本語能力を持たない中国人観光客でさえ訪日旅行に満足し、再訪意欲を示している。今回の調査結果により、訪日旅行が日本に対する認識と感情の改善に貢献したことが示されたことから、今後大規模な調査が行われた場合、中国国民全体の対日感情を改善する可能性があることの証左となる。また本アンケートでは、回答者の半数以上がリピーター

としての再訪を実現しており，中国人観光客の日本社会の一部価値観の共有と，帰国後の中国側における日本人に対する好意的な受け入れ意欲が示されている。

こうした現象は国際観光コミュニティの形成仮説に対し，中日両国間で検証するにあたって有効なサンプルを提供するものであり，今後の継続的な追跡調査の意義を大いに広げる結果をもたらしたと理解できる。本調査は国際観光コミュニティの形成プロセスを，非居住者である観光客と受け入れ側の居住者の視点に立つ分析で構成されている。本調査により，双方は「観光客による初めての発見」，「観光地への関心の深化」，「さらなる情報の収集」，「訪問の実行」，「友人への推奨」というプロセスを踏みながら，観光客と観光地の間のつながりが次第に強まっていくことが実証された。

中国人観光客はバーチャル空間の情報（友人の SNS から提供される情報を含む）を通じて，旅行先を選び，日本は観光的価値が高く，観光資源や文化的興味以外に，日本特有の商品やサービスの面でも中国の観光客にとって魅力的であることを確認した後に，訪問の実行に進んでいる。中国人観光客は，実際の旅行を通じて日本の観光地の価値を体験し，リアルな日本社会を認識した結果，ほとんどの観光客が日本を高く評価し，そして強い再訪意欲の形成を通じて，リピーターとしての再訪を実現している。アンケート対象者の半数近くがリピーターであることからわかるように，中国人観光客は訪日旅行を通じて日本社会に対する理解を深め，なかには「社会秩序」や「環境保護・エコ理念」など，日本国民との価値観の共有も図れるようになっている。また9割の回答者が，訪日後，中国国内で出会う日本人を快く受け入れたいとの意志を示し，さらに日本に関する文化活動にも参加したいとの意思を表明しており，強いコミュニティ・アイデンティティが形成されつつある状況を示している。

以上の調査結果は，日中間の国際観光コミュニティの形成のひな型が完成しつつあり，今後さらなる発展の可能性を示唆している。サンプル数2,000名以上に上る今回の調査結果は，今後両国の観光業発展の実態をより明確にするための基礎的なデータとしての活用が期待される。

注

1 ）『中国統計年鑑』2018年版より。
2 ）UNESCO 統計ベースより。
3 ）中国西南財経大学2017年「中国工薪阶层信贷发展报告」
https://chfs.swufe.edu.cn/xiangqing.aspx?id＝1620（2019年 4 月25日閲覧）
より。
4 ）「認同度」は中国語で，肯定的な評価をもって認識する，あるいは自分に身近な
存在として認識するという意味。

第
8
章

受け入れ側の日本人を対象とした
アンケート調査

　インターネットの世界的な普及により，個人旅行はより便利かつ安価になった。同時に中国の持続的な高成長はアウトバウンド観光客の急増をもたらしている。特に日本でのビザ緩和に伴う訪日中国人観光客の増加は，一時中国人による「爆買」が流行語大賞を受賞するほどの社会現象を引き起こし，訪日中国人観光客によるインバウンド消費の急拡大が人々の注目を集めた。

　第14回日中共同世論調査（以下は「共同調査」と略す）が示すように，日本人の中国人に対する印象は「良くない」「どちらかというと良くない」の比率が2005年の37.9％から2018年の86.3％に上昇し続け，一時は90％を超える時期もあった。一方中国人の日本人に対する「良くない」との印象は，同期間の62.9％から56.1％へと，わずかながら下がった。しかしピーク時であった2013年（90.1％）や2014年（93.0％）には，重なるように92.8％，86.8％に上昇し，両国民は互いに相手に対する好印象を持つことができなかった（図表8－1）。このように両国民の感情が対立しているように見えるにもかかわらず，訪日中国人観光客が増え続けるという現状は，相互に矛盾するように見えてしまう。

1　仮説と目的

　本アンケートでは，インバウンド観光の拡大により，日本人の対中国人のイメージの改善は可能であり，両国民感情の対立という「共同調査」の結果と訪日中国人観光客の持続的増加という矛盾して見える現象は，必ずしも永続的なものではないという仮説を検証することにする。

　これを立証するため本アンケートでは，受け入れ側の日本人を対象に，中国人観光客に対するイメージ調査を行い，中国人観光客が訪日旅行中において，

図表 8 - 1　相手国に対する印象

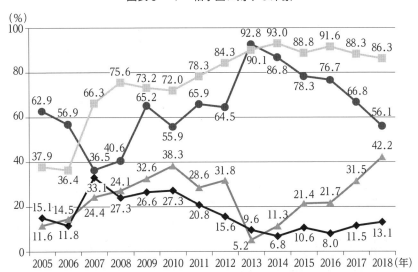

出典：第14回日中共同世論調査（2018年）

　観光地の居住者との交流を通じて，印象の変化があったかどうかを調査し，国際観光コミュニティの受け入れ側からその形成の過程を実証する。アンケートは，観光客が観光地とのつながりが強まっていく過程に従って，「対象者の属性」，「観光客に対する認識」「観光客の受け入れ」「外国人移住について」という4カテゴリーに分けて実施する。

2 調査実施

調査は，北海道エリアと全国エリアという2つのグループに分けて，それぞれが北海道観光協会及び阪急交通社の協力を得て実施した。

	第1グループ（北海道サンプル）	第2グループ（全国サンプル）
実施期間	2019年2月16日から3月15日まで	
調査対象	北海道観光業務関係者及び居住者	全国各地の居住者
実施対象	405名	602名
有効回答	405件 男性：190件，47.6% 女性：215件，52.4%	602件 男性：287件，47.6% 女性：315件，52.4%
実施形態	いずれも無償実施	

(1) 「対象者の特徴」に関する質問

カテゴリー1の質問は，主に回答者の属性を明らかにするためのものである。また本アンケートの有効性を確認するための質問も設けており，特定の要因による偏りを避けるため，一部ではクロス分析の手法を導入する。

質問1 あなたの年齢層：20歳未満，20〜50歳，51〜65歳，66歳以上

全国サンプル：

北海道サンプル：

　両サンプルの共通点は，青壮年層が一番多く，それぞれが7割以上を占め，本アンケートの主要対象者層になる。

質問2　あなたの学歴：高卒及び以下，専門学校・短大卒，大卒，大学院以上
全国サンプル：

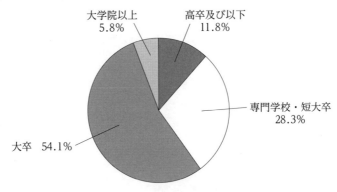

第 8 章　受け入れ側の日本人を対象としたアンケート調査　153

北海道サンプル：

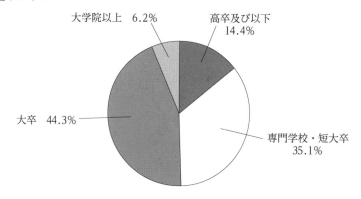

　全国サンプルでは，59.9％の回答者が大卒以上の学歴をするのに対して，北海道は50.9％である。対象者の半数以上は高等教育を受けたものである。

質問 3　あなたの職業：

　学生又はアルバイト，会社員又は公務員，自営業（医師・弁護士・作家等を含む），主婦又は無職，定年退職

全国サンプル：

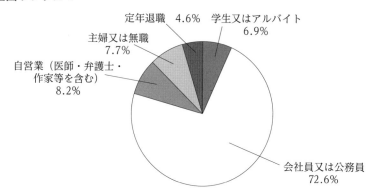

北海道サンプル：

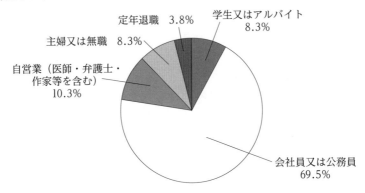

　会社員または公務員の割合は，それぞれ全国72.6％，北海道69.5％で，両者には大きな偏りがないといえる。

質問4　あなたの職業は観光客から恩恵が得られますか。
　大いに得られる，ある程度得られる，あまり得られない，ほとんど得られない，職業に就いていない。
全国サンプル：

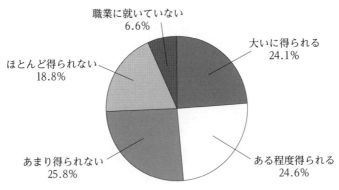

北海道サンプル：

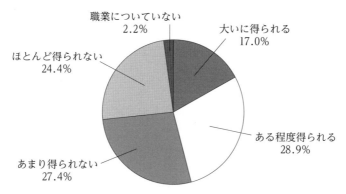

　全国サンプルは48.7%，北海道は45.9%と，観光客が自分の職業に恩恵を与えていると回答している。観光資源豊かな北海道と全国との差がほとんどないことから，インバウンド観光の恩恵が日本全国に広がっているとの推測が成り立つ。

質問5　あなたの世帯年収：300万円未満，300〜500万円未満，500〜1,000万円未満，1,000万円以上

全国サンプル：

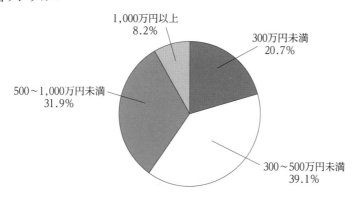

北海道サンプル：

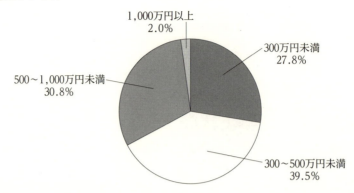

　全国サンプルでは，40.1％の回答者が世帯収入500万円を超えているのに対して，北海道は32.8％であり，相対的に北海道の平均所得が低い可能性がある。その理由は，500～1,000万円，および1,000万円以上の比率がいずれも全国より低いからであるが，より根本的な理由は300万円未満の比率が北海道の方が7.1％高いことにある。

質問6　あなたの海外経験（複数回答可）：
　外国を訪れたことがない，観光したことがある，短期出張したことがある，留学したことがある，仕事で長期駐在したことがある，仕事以外で1年以上住んだことがある。

全国サンプル：

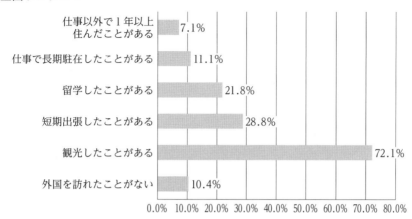

北海道サンプル：

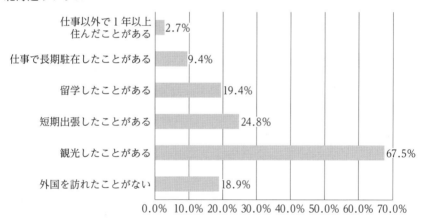

　全国サンプルの海外経験者数の比率は，いずれの項目においても，北海道より高い。

質問7 あなたの中国に関する経験（複数回答可）：

中国を訪れたことがない，観光したことがある，短期出張したことがある，留学したことがある，仕事で長期駐在したことがある，仕事以外で1年以上住んだことがある。

全国サンプル：

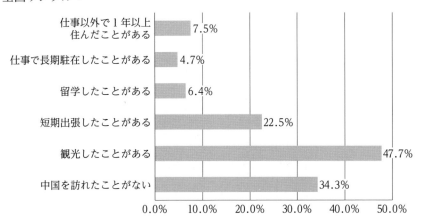

北海道サンプル：

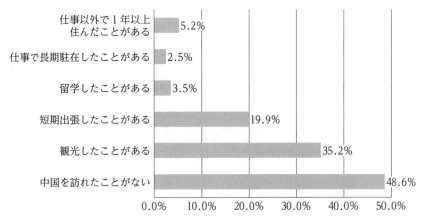

全国サンプルの65.7%の回答者は中国に関する経験があり，北海道の同割合は51.4%である。

質問 8　あなたの中国人との関係：（複数回答可）

中国人の知り合いはいない，中国人のお客さんがいる，同級生もしくは同僚の中に中国人がいる，私的な中国人の友人がいる。

全国サンプル：

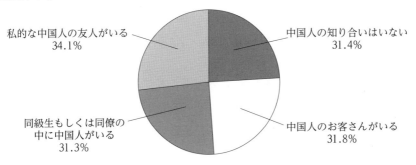

北海道サンプル：

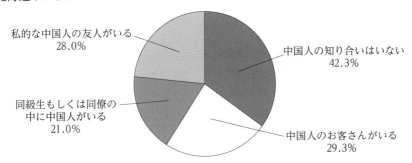

全国サンプルの69.6％の回答者が中国人と接触したことがあり，北海道の割合は57.7％である。

カテゴリー1をまとめると，概して，全国サンプルと北海道サンプルの男女，年齢層，職業に大きな違いはないが，全国サンプルの学歴と世帯収入のレベルが高く，海外経験，中国経験と中国人との接触経験も北海道より高い。

(2) 「観光客に対する認識」に関する質問

　観光客に対する認識は，来訪前にメディア等のさまざまなルートを通じて形成される個々人の認識と来訪後，実際の接触を通じて従来の認識に対する修正が行われたものの 2 つに大別される。「観光客による初めての発見」,「観光地への関心の深化」,「さらなる情報収集」,「訪問の実行」,「友人への推奨」という国際観光コミュニティの形成の 5 段階のいずれにおいても受け入れる側の日本人の認識の変化をもたらす要素が入っている。上記の流れに沿って，本アンケートの日本人対訪日中国人観光客に対する認識の質問を設けた。

質問 9　「日本への観光は外国人観光客に日本文化をより深く理解させ，外交と経済交流を一層促す。」という考え方について，あなたは賛同しますか：

　大いに賛同する，基本的に賛同する，あまり賛同しない，まったく賛同しない

全国サンプル：

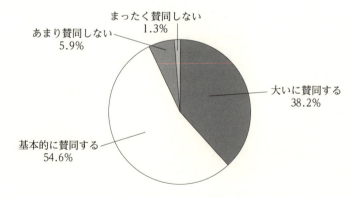

北海道サンプル：

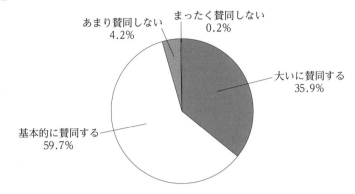

　この質問は，観光立国政策が日本国民にどれくらい受け入れられているかを見ることができる。全国サンプルでは，回答者の92.8%が賛同すると，北海道地区のサンプルでは同95.5%で，いずれも「観光立国」が高い支持を受ける政策となっていることがわかる。

質問10 日本に訪れる中国人観光客があなたに与えた印象は：
　よい，ややよい，どちらともいえない，あまりよくない，悪い
全国サンプル：

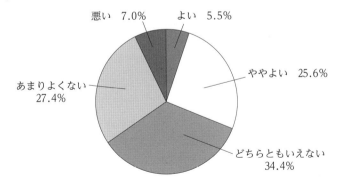

北海道サンプル:

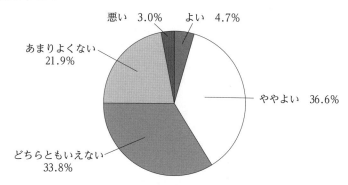

　全国サンプルの「良い」「やや良い」は31.1%,「どちらともいえない」は34.4%で,良いまたは中立の合計は65.5%である。それに対して北海道サンプルは同41.3%,33.8%で,両者の合計は75.1%に達する。この回答は前出の「共同調査」で「よくない」と答えた人が86%だったことに比べると,大きく異なることがわかる。なかでも北海道の比率が全国より高いということは,多くの訪日中国人観光客が訪れたことに背景があると考えられる。日本人の86%が中国人に対して「よくない」との印象を抱いているのに対して,日本を訪問した中国人に対して「よくない」との印象を抱いた人が全国サンプルで34.4%,北海道サンプルで24.9%にすぎないのである。

質問11 日本に訪れる中国以外の外国人観光客があなたに与えた印象は:
　よい,ややよい,どちらともいえない,あまりよくない,悪い。

全国サンプル：

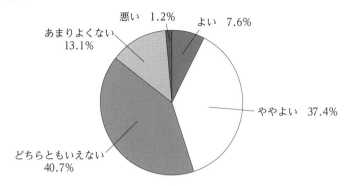

北海道サンプル：

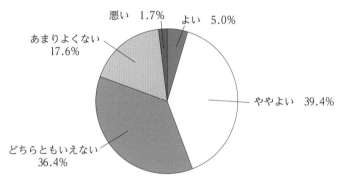

　質問11の回答と比べると，全国サンプルは他国（地域）の観光客に対する印象がよりよく（中立と好感85.7％，印象よくない14.3％）で，中国人観光客に対する良くない印象のほうが20％上回っている（同65.5％，34.5％）。一方北海道では他国（地域）の観光客に対する評価（中立と好感度80.7％，印象よくない19.3％）は，中国人観光客により近い結果となっている（同75.1％，24.9％）。北海道では全国に比べて他国（地域）の観光客に対する「よくない」印象が５％多いのに対して，中国人観光客に対する「よくない」印象が9.6％少ない。ここからも北海道が多く中国人観光客を受け入れている特殊性がうかがえる。

質問12 日本に訪れる外国人観光客があなたに与えた全体の印象は：
よい，ややよい，どちらともいえない，あまりよくない，悪い

全国サンプル：

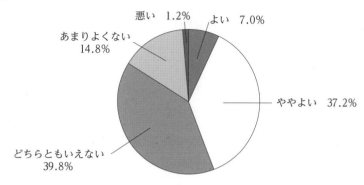

北海道サンプル：

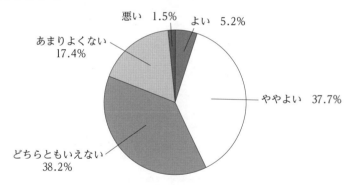

質問13に対する回答から，全国サンプルと北海道サンプルのいずれも，質問12で示した結果と大差がないことがわかる。「好感と中立評価」について，全国サンプルが84.0％であったのに対し，質問12では85.7％であった。北海道サンプルでは，81.1％に対し，質問12では80.7％となっている。この結果は，「中国人観光客」という属性を捨てて，単なる外国人観光客全体の一部として接することができれば，日本人の中国人観光客受け入れの度合いがより高くなることを示す。

第8章　受け入れ側の日本人を対象としたアンケート調査　165

質問13　もし中国人観光客があなたによい印象を与えた場合，その理由は：

　質問は自由コメント形式で，合計約240件のコメントが得られた。回答は「観光による経済効果」「日本文化に対する尊重と認識」「さわやかな性格」などの結果が得られている。これらの回答から日本の人々は中国人観光客を地域経済に好影響を与える存在と認識しており，また，日本の文化と社会を尊重する気持ちがあると認識していることから，観光地側に受け入れられる存在であることがうかがえる。

質問14　もし中国人観光客があなたに悪い印象を与えた場合，その理由は：

　この質問も自由コメント形式で，合計約345件のコメントを得ている。公共秩序やマナーなどに関する指摘が多かった。「うるさい」，「騒がしい」，「声が大きい」，「ゴミを捨てる」，「トイレ使用」，「つば吐き」などの詳細にわたる指摘が多い。他には団体ツアーの集団行動から住民に不満を引き起こす事例もある。しかし，日中両国の政治，外交，経済分野に関する指摘はほとんど見当たらない。

質問15 あなたの日常生活で，中国人観光客と交流することがありましたか？
　交流したことがない，簡単な対話があった，深い話し合いがあった，交流して友人になった

全国サンプル：

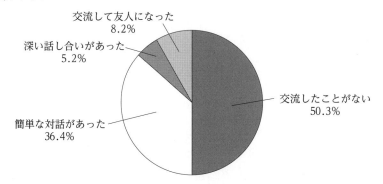

北海道サンプル：

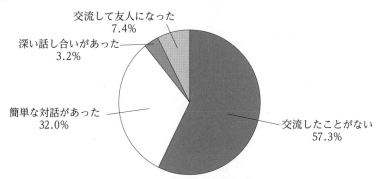

　全国サンプルの49.7％が中国人観光客との交流経験があり，北海道サンプルは同42.7％とやや低めである。第7章の中国人観光客アンケートの質問29の回答に照らし合わせると，中国人観光客と日本人の交流の割合が比較的近いといえる。

質問16 観光以外では，地元の文化活動・イベントに参加した中国人観光客を見たことがありますか。

　　　　見たことがある（そのイベントは_____です。），特にない

全国サンプル：

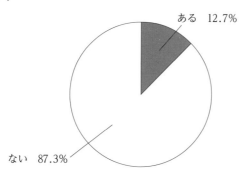

北海道サンプル：

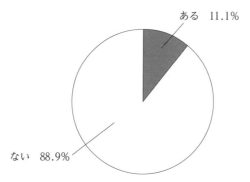

　結果は全国と北海道で差がほとんどない。しかし第7章　中国人観光客アンケートへの質問17の「現地住民の文化活動が行われていることに気づいた」と答えた割合（33.6%）より少ない。なお同質問の補足コメントのうち，中国人観光客と居住者との文化交流の接点は主に地元祭りなどのイベントに集中している。

質問17 観光以外では，地元のどんな文化活動・イベントなら，中国人観光客により深く日本文化を理解してもらえると思いますか。（複数回答可）

地域習俗イベント，歴史記念イベント，学校・職場イベント，商業イベント，冠婚葬祭イベント

全国サンプル：

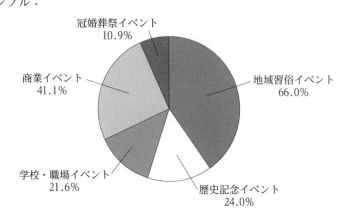

北海道サンプル：

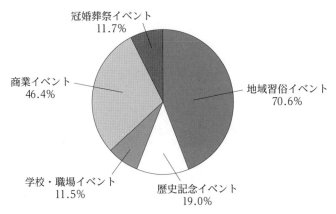

　2つのサンプルの中で最も多く選択されたのは，「地域習俗イベント」である。この結果は第7章　中国人観光客アンケートの質問20の回答に近い。これ

は中国人観光客と日本人住民との間のつながりを示す重要な接点といえる。また「地域習俗イベント」の次に選ばれたのは「商業イベント」であり，ショッピングモールや各種商業施設での交流の可能性が高いと考えられる。

質問18 近年，日本を訪れる中国人観光客は増え続けていますが，その結果あなたの中国（国家・文化・民衆を含む）に対する親近感は変化しましたか。
　より強まった，変わらない，より弱まった，わからない

全国サンプル：

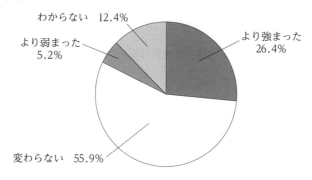

北海道サンプル

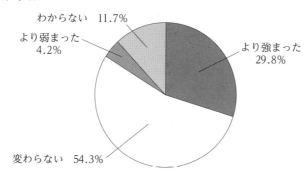

　この質問は第7章　中国人観光客アンケートの質問31との比較版である。反応は中国人観光客ほど強くないが，実際に中国人観光客と交流した後，26.4%

の回答者は対中感情がよくなったことを示している。一方の北海道サンプルでは，同比率が29.8%に上昇している。

質問19 中国人観光客が増え続けているので，地元の商業施設は中国人観光客に的を絞って対応をしていると感じますか。

感じる，なんとなく感じる，あまり感じない，まったく感じない

全国サンプル：

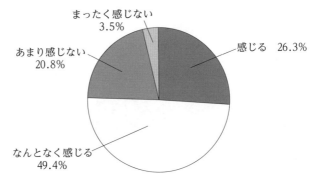

北海道サンプル：

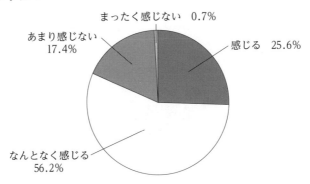

この質問は第7章　中国人観光客アンケートの質問30の比較版である。全国サンプルでは，75.7%の回答者が商業施設の中国人観光客に対する配慮を感じるが，北海道サンプルでは，同割合がさらに高く81.8%に達している。この割合の高さは，地域の商業施設側がより良い環境を中国人観光客に提供しようと

する努力を感じていることを示す。
　もし感じるなら，それはどんな対応ですか？
　このコメントには合計320件のコメントがあり，主に「中国語対応」「中国人店員」「支払手段対応」などに集中している。

質問20　中国人観光客が増え続けているので，地元の日常生活は中国文化の影響をある程度受けていると感じますか。
　感じる，なんとなく感じる，あまり感じない，まったく感じない。
全国サンプル：

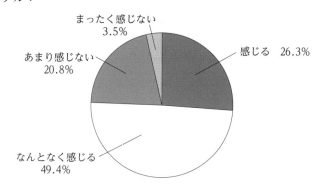

北海道サンプル：

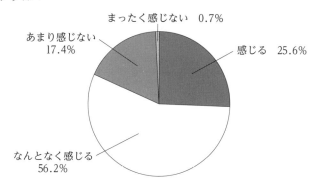

　この回答は，質問19と共通点が見られる。全国サンプルでは，75.7％の回答者が，中国人観光客が現地のコミュニティに与える中国文化の影響を感じてい

ると答え，北海道ではこの割合が高く81.8％に達している。

もし感じるなら，それはどのような影響ですか。

このコメントへの回答数は約90件で，主に「中国の祝日」「中国の連休」「中華料理店」などに集中している。

カテゴリー2をまとめると，受け入れる側の日本人は基本的に政府の観光立国政策に賛同し，中国人観光客に対する印象を「好感と中立」と答えた回答者の割合は65％（北海道では75％とより高い）に達する。これは第7章　中国人観光客対象のアンケートで示した結果と似ている。中国人観光客との実際の接触や関わりを通じて，観光地住民の中国人観光客に対する認識や感情に改善が現れた。双方は互いに交流を体験し，地域の習俗活動にお互いに興味を持ち，観光客の体験と現地住民の受け入れによってつながりを築く。居住者のコミュニティにおいて，中国人観光客を受け入れている印象を感じる。

(3)　「観光客の受け入れ」に関する質問

質問21　近年日中関係が改善し，日本政府は中国人観光客の訪日ビザ取得を一層緩和していますが，これについて，あなたの感想は：

より多くの中国人観光客の訪日を歓迎する，支持も反対もしない，これ以上多くの中国人観光客の訪日を望まない，わからない

全国サンプル：

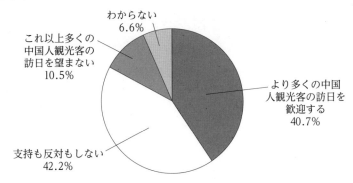

北海道サンプル：

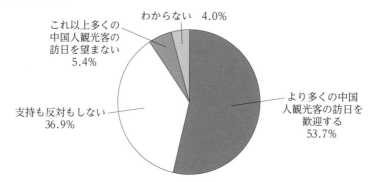

　この質問の目的は，中国人観光ビザの緩和に関する日本国民の受け止め方を知ることにある。全国サンプルでは，回答者の82.9%が支持または中立を示しており，北海道ではこの割合がより高く，90.6%に達する。中国人観光客の強い再訪意欲と基本的には呼応している形である。

質問22　もし日本政府が中国国内で文化交流イベントを主催するとしたら，あなたの感想は：
- 支持する，より多くの中国人に日本文化を理解させたい。
- 支持する，ただし経済効果がなければならず，その結果より多くの中国人観光客が訪日することを希望する。
- 支持も反対もしない。
- 支持しない，政府は予算をほかのプロジェクトに使って欲しい。
- わからない

全国サンプル：

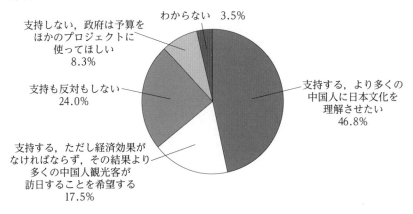

北海道サンプル：

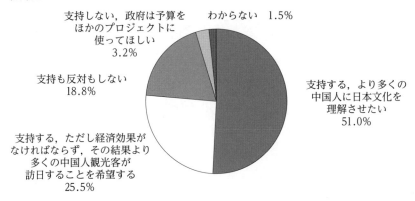

　近年，日本政府や地方自治体がより多くのインバウンド客を受け入れるために，中国でさまざまな誘致活動を展開している。本質問はこれらの背景のもとで設問した。全国サンプルでは，88.3%の回答者は支持または中立を示しており，北海道では同比率が95.3%という高い回答である。2つのサンプルの「支持」と答えた回答者の中で，「中国人に日本文化を理解させるため」を理由にあげた人の割合が「経済効果のため」を理由にあげた人よりも明らかに多い。さらに，「支持」と答えた人の中で，「中国人に日本の文化を理解させるため」

と回答した人は，全体のほぼ半数を占めている。これは現在の多くの日本国民の願望または認識を示しており，観光の真の価値は文化交流を通じて相互理解を促すことであり，経済効果だけではないと考えていることを示している。

質問23 ご存知のように，日本には豊富な観光資源があります。もし多くの日本人がハワイを訪れるように，あなたの地元が大量の中国人観光客の主要な目的地となった場合，あなたの感想は：

- 地元は東京と大阪に比肩する中国人観光客の訪日の主要な目的地になって欲しい。
- より多くの中国人観光客の訪日を歓迎するが，地元のこれ以上の観光地化は望まない。
- 大量の中国人観光客が集中的に地元を訪れることは望まない。
- わからない。

全国サンプル：

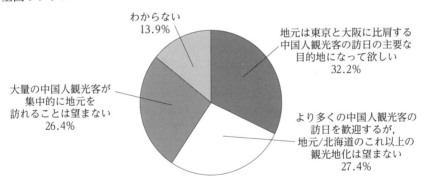

北海道サンプル：

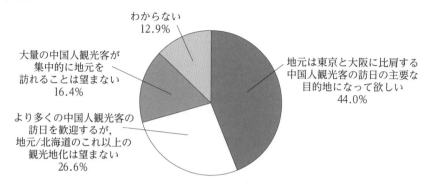

　全国サンプルでは，32.2%の回答者がより多くの中国人観光客の地元への来訪を希望しており，59.6%の回答者が訪日中国人観光客の増加を歓迎している。北海道のサンプルでは44.0%の回答者がより多くの中国人観光客の地元への来訪を希望しており，70.6%の回答者は訪日中国人観光客の増加を歓迎している。北海道の住民は中国人観光客の受け入れについてより積極的であることを示している。

　近年，中国は日本が受け入れる外国人観光客首位国になったが，日本はまだ中国人観光客が選ぶ海外旅行先の首位になっていない。海外旅行人口は全人口の1割も満たない現状において，海外旅行経験のある中国人の大半はまだ日本に行ったことがない。上記回答から，今後もっと訪日中国人観光客が増えても日本人が前向きに受け入れる用意があることを読み取れる。

質問24 より多くの中国人観光客を日本に誘致するために，もし中国からの資本が日本に商業開発プロジェクト（ホテル，リゾート，ゴルフ場など）を始めようとした場合，あなたの感想は：

　合法的な投資なら歓迎する，支持も反対もしない，あまりにも多くの中国資本が現地に参入するのは希望しない，中国からの資本なら反対する，わからない。

全国サンプル：

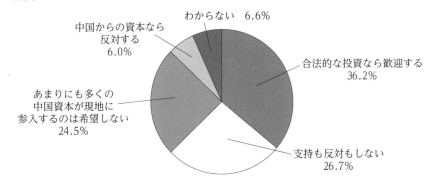

北海道サンプル：

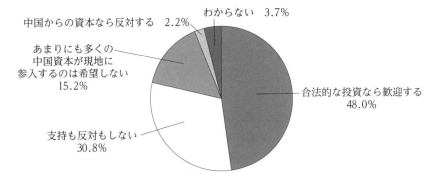

　近年，中国資本による日本の観光施設やレジャー施設の買収や開発の事例が増え続けている。質問に対する受け入れ容認の度合いは，質問24よりも意味がある。全国サンプルは回答者の62.9％が支持または中立を示しているのに対し，北海道地域では同78.8％と全国より高い比率を示し，観光地である北海道の日本人は，中国人観光客に対してより高いレベルの受け入れの度合いを示した。

質問25 もし中国の富裕層が日本に不動産を購入して日本に移住するとしたら、あなたの感想は：

合法的な投資なら歓迎する，支持も反対もしない，これ以上の中国人移住者を受け入れたくない，わからない

全国サンプル：

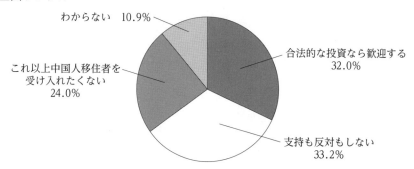

北海道サンプル：

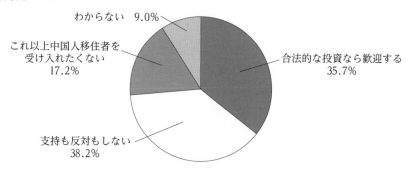

日本は移民国家ではないが，欧米では中国からの移民が増えている。移住の場合，観光地の居住者は観光客をコミュニティメンバーとして受け入れる必要がある。全国サンプルの回答では，65.2%の回答者が受け入れや中立を示しているが，北海道サンプルでは73.9%の回答者が受け入れや中立を示している。上記と同様，北海道住民は中国人観光客の受け入れに，より柔軟な態度を示している。

質問26 もしあなたの地元に横浜・池袋・神戸のような大型中華街が出現するとしたら，あなたの感想は：

とても面白いかもしれない，支持も反対もしない，そんなことは望まない，わからない。

全国サンプル：

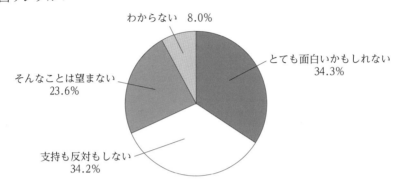

北海道サンプル：

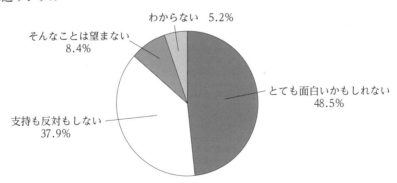

　全国サンプルでは，68.5%の回答者が受け入れや中立を示しているが，北海道では同86.4%に達する。上記と同様に，北海道の住民は中国人観光客の受け入れをより歓迎していることを示す。

質問27 最近日本国内でもよく報道されている中国国内のインターネットサービス（キャッシュレス決済・シェアサイクルなど）をご存知ですか？実際に体験したことはありますか。

　　知っている（それは＿＿＿です），知らない。

全国サンプル：

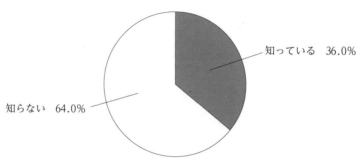

北海道サンプル：

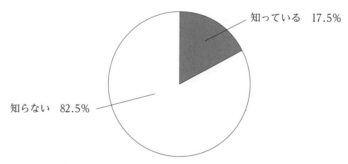

中国消費者の最新消費動向は，全国サンプルの回答者が北海道サンプルよりもよく知っていることを示し，全体的に多くの海外経験者が中国経済に関する情報を入手している可能性がある。実際の体験では約60件のコメントが寄せられ，WeChatPayとAlipayの2つのモバイル決済アプリに集中しており，なかには配車サービスなどのサービスを経験した人もいた。

第 8 章　受け入れ側の日本人を対象としたアンケート調査　181

質問28　あなたの知っている範囲に，日本にもあって欲しい中国ブランドの商品・サービスがありますか。

全国サンプル：

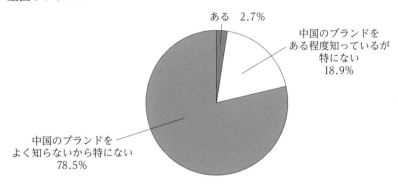

北海道サンプル：

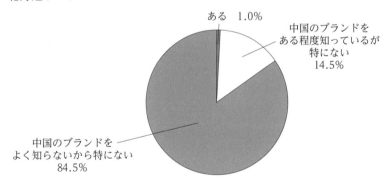

　上記と同様，全国サンプルの回答者は中国ブランドについてより多く知っている。約30件のコメントが寄せられ，主に「ファーウェイ」と「シャオミ」スマートフォン，「大疆」ドローン，中国現地食品などに集中している。

質問29 日本を訪れる中国人観光客について，あなたの自由コメント：

　回答は多種多様で，主に「公共秩序やマナーの遵守」「郷に入っては郷に従え」「公共衛生」などの面に集中しており，「歓迎する」「日本文化を理解してほしい」などの願いも含まれている。

　カテゴリー３をまとめると，いくつかの中国人観光客の受け入れに関する質問において，全国サンプルと北海道サンプルの回答者の多くは，受け入れや中立と答えている。これは前出の「共同調査」で示されたように，86％の日本人が対中感情を「よくない」と回答している結果とはきわめて対照的である。自由コメントでは，第７章　中国人観光客の自由コメント（質問42）と明らかに呼応しており，双方は日本の「社会秩序」「エコ理念」などの質問で共通の価値観を有していることを示している。今後，中日間の国際コミュニティの形成に最も重要とされる価値観の面で，両者の間で共有可能な部分が増えれば，さまざまな可能性が広がるものと考えられる。

⑷　「外国人の移住」に関する質問

　国際観光コミュニティの形成を過ぎた後，「移住の実現」というプロセスに入る。この段階において，観光客は国際観光コミュニティのメンバーではなくなり，現地コミュニティの一員になる。今回のアンケート調査では，回答者に「外国人の移住」に関する質問を設け，受け入れる側の意思確認を行う。もちろん，日本の現行の法律とこれらの質問との間に矛盾がないとは限らないが，少子高齢化の進行に伴う外国人労働者受け入れの拡大などのさまざまな社会的背景の中で，この種のカテゴリーの質問に触れる意義は十分あるといえる。

質問30 日本への移住を希望する外国人について：
歓迎する，国籍による，人による，歓迎しない，どちらともいえない

全国サンプル：

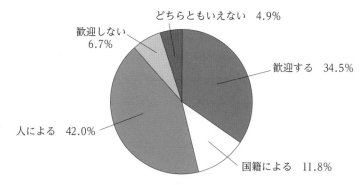

北海道サンプル：

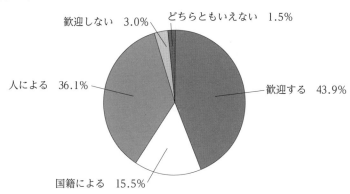

　全国サンプルと北海道サンプルはいずれも「歓迎しない」との比率が低く，前者6.7％，後者3.0％である。回答結果から，民間レベルでは移民の受け入れに対する心理的準備ができつつあると理解される。ただし受け入れる地域と人の別に見ると，下記の変化がある。

質問31 国籍によると答えた人に質問，どの国・地域の人なら歓迎しますか
（複数回答可）：

米州，欧州，中東，アフリカ，アジア，大洋州

全国サンプル：

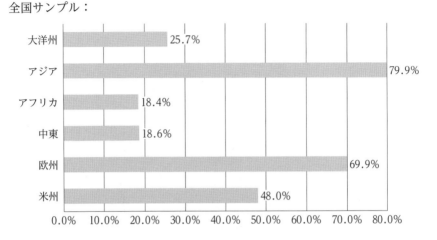

北海道サンプル：

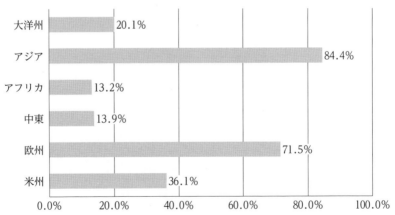

全国のベスト3はアジア79.9%，欧州69.9%，米州48.0%に対して，北海道は同84.4%と71.5%，36.1%である。アジア，欧州の比率は北海道が高いものに対して，米州は全国が高くなる。これまでの外国人観光客の受け入れに積極

的な北海道であるが，移住者受け入れの地域別になると，米州が全国より低くなるのには他に理由があるのかもしれない。

質問32 アジアと答えた人に質問，どの国・地域の人なら歓迎しますか（複数回答可）：

中国，香港・マカオ・台湾，韓国，東南アジア（シンガポール，マレーシア，タイ，インドネシア，フィリピンなど），西アジア・南アジア（インドなど）

全国サンプル：

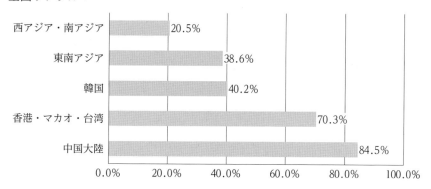

北海道サンプル：

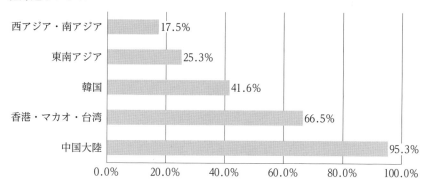

両サンプルは，いずれも「中国」，「香港・マカオ・台湾」，「韓国」の順を示しているが，「韓国」の比率は，全国40.2%，北海道41.6%と大差はないが，

「香港・マカオ・台湾」は，70.3％対66.5％になり，全国の比率が高くなる。また「中国」の比率は，84.5％対95.3％になり，圧倒的に北海道のほうが高くなる。

質問33 人によると答えた人に質問，どんな人なら歓迎しますか。(複数回答可)：

リタイヤーした富裕層，地域社会に貢献できる職業人（料理人など），現地での企業設立経営者，投資家，作家・芸術家等文化人

全国サンプル：

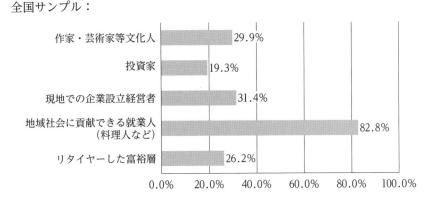

北海道サンプル：

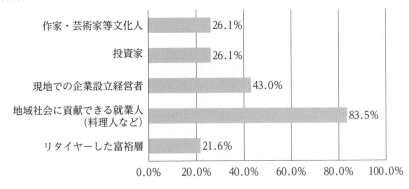

第8章　受け入れ側の日本人を対象としたアンケート調査　187

両サンプルの共通点は，トップは地域社会に貢献できる職業人であり，その次は経営者である。地方経済の活性化という地域創生が最も重要な課題となる今日の日本社会の現実が反映される回答となる。

❸　日本人サイドからの中日間の国際観光コミュニティの検証

今回のアンケート調査は，紆余曲折な中日関係による国民感情の起伏と中国人観光客の訪日旅行者の急増という矛盾の現象に対して設定したものである。前出の「共同調査」では，2018年の対中感情は「よくない」と答えた日本人の割合が86％で，中国人の対日感情は「良い」と答えた中国人の割合は42.2％である。しかし本アンケートでは，これとは大きく異なる結果が示された。全国サンプルでは66％，北海道サンプルでは75％の日本人回答者が，中国人観光客に対し好感もしくは中立的な態度を示している。

アンケートによると，受け入れる側の日本人が基本的に政府の観光立国政策に賛同し，中国人観光客に対する認識の改善を示している。同時に日本社会が中国人観光客の受け入れによって，好感度に変化が生じており，中国人観光客が観光地コミュニティに好印象を与えていることを示唆している。またさまざまなレベルの受け入れに関する質問において，過半数が支持や中立を示している。フリーコメントでは，日本人のコメントは第7章　中国人観光客のフリーコメントと呼応し，双方は「社会秩序」「環境衛生」などの質問で価値観の共有を示している。

以上の現象は，国際観光コミュニティの分析に抽出された「AISASの法則」，すなわち，観光地について観光客による「初めての発見」⇨「観光地への関心の深化」⇨「さらなる情報収集」⇨「訪問の実行と再訪の約束」⇨「友人への推奨」という5段階の仮説に対し，中日両国間で検証されるサンプルを提供している。中国人観光客を受け入れることによって，受け入れる側の地域コミュニティにさまざまな良い影響を及ぼしたと立証される。特に北海道地域では，中国人観光客の受け入れをより歓迎していることが示された。これは，中国人観光客の訪日旅行への高評価と強い再訪意欲に対応している。自由コメントの

回答結果からも，居住者の中国人観光客に対する評価と期待は，中国人観光客の日本社会に対する高い評価と呼応していることがうかがわれる。また，「社会秩序」や「エコ理念」などの質問でも価値観の共有が見られ，再訪による観光客と居住者とのつながりの強化をもたらしている実態があり，中日間の国際観光コミュニティ形成が受け入れる側からも実証されたことになる。

第9章　2つのアンケートに基づく中日間の国際観光コミュニティの再検証

近年の中日関係においては，2つ異なる現象が見受けられる。ひとつは協力と摩擦が併存する状況から現れる不安定な国民感情，もうひとつは日本の観光立国の推進に伴った訪日中国人観光客の急増から，日本経済の活性化や地域創生への促進効果である。これら2つの矛盾に見える現象に対する合理的な説明を行うために，以下は2つのアンケート調査に基づき，クロス分析手法による再検証を行い，中日間の国際観光コミュニティを発展させるための提案を行う。

1　カイ二乗検定によるクロス分析

調査資料やアンケートデータを2，3個の項目にしぼって，それらに属しているものがどのような関連性を持つかを確認する場合，クロス分析の手法がしばしば使われる。本章は訪日中国人観光客と受け入れ側の日本人を対象としたアンケート調査結果の関連性を分析するにあたって，カイ二乗検定の手法を導入する。以下，カイ二乗検定に基づきアンケート調査の結果を検証する。

(1)　中国人観光客対象のアンケート

a．「訪日経験」と「日本社会への親近感」

「訪日経験」と「他の目的地ではなく日本を選んだ理由」を比較すると，次のような結果が見られる。2,028名の中国人観光客のうち，「日本社会への親近感」を日本旅行の主要な理由とした平均選択率は19.6％で，「日本の特定の観光資源」などの他の選択肢より低い。総体的にいえば「日本社会への親近感」は中国人観光客の日本を旅行目的地として選ぶ主要な理由ではない。

しかし訪日経験の増加により，観光客の日本社会に対する親近感が高まって

いることが示された。訪日経験が「1回」および「2～4回」の回答者が，「日本社会への親近感」を選ぶ比率は全体の平均レベルを下回っている。一方「5回以上」および「日本に定住した」と答えた回答者は，少人数であるが選択率が30％を超え，平均の19.6％を大幅に上回っている。

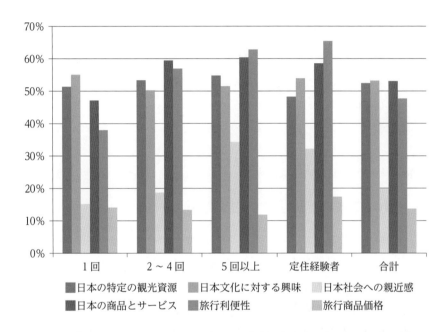

訪日経験	総人数	選択人数	比　率
1回	1,098	166	15.1％
2～4回	546	102	18.7％
5回以上	297	102	34.3％
定住経験者	87	28	32.2％
合　計	2,028	398	19.6％

　上記のデータをカイ二乗値検定すると，その結果は下記のとおりである。

第9章　2つのアンケートに基づく中日間の国際観光コミュニティの再検証　191

訪日経験	観測値O	期待値E	（O −E)^2/E
1回	166	215.5	11.36
2〜4回	102	107.2	0.25
5回以上	102	58.3	32.78
定住経験者	28	17.1	6.99
カイ二乗値=			51.39
自由度K＝（4−1）×（2−1）=			3
確率P＝			0.05
有意水準 CHIINV（確率P，自由度K）=			7.81
帰無仮説は			**排除される**

　つまり中国人観光客の「日本社会への親近感」が「訪日経験」と無関係という帰無仮説はこれにより排除される。サンプルから導かれる結果は顕著で，「旅行体験」と「日本社会への親近感」は統計学的に有意である。訪日経験の増加に伴い，中国人観光客の日本社会に対する認識と親近感は次第に高まることが立証された。

b．「訪日経験」と「旅行中の日本大衆文化イベントへの注目」

　今回のアンケートの回答者は，同じ旅行社が主催する訪日ツアーの参加者であり，旅行経験も似ている。2,028名の中国人観光客のうち，682人が旅行中に日本人の日常的な文化活動に関心を持った。全体の33.6％で，約3分の1を占める。同時に訪日経験の増加に伴い，日本人の日常的な文化イベントに関心を持つ割合も増えており，「5回以上」および「日本に定住した」観光客のうち，約半数が旅行中に現地民衆の文化イベントに関心を持ったと回答している。

訪日経験	総人数	選択人数	比率
1回	1,098	303	27.6%
2〜4回	546	186	34.1%
5回以上	297	149	50.2%
定住経験者	87	44	50.6%
合　　計	2,028	682	33.6%

上記のデータをカイ二乗値検定すると，その結果は下記のとおりである。

訪日経験	観測値O	期待値E	（O－E)^2/E
1回	303	369.2	11.89
2～4回	186	183.6	0.03
5回以上	149	99.9	24.16
定住経験者	44	29.3	7.43
カイ二乗値＝			43.5
自由度K＝（4－1）×（2－1）＝			3
確率P＝			0.05
有意水準CHIINV（確率P，自由度K）＝			7.81
帰無仮説は			**排除される**

　つまり中国人観光客の「訪問地のイベントに対する注目」が「訪日経験」と
無関係という帰無仮説は排除される。サンプルから導かれる違いは顕著で，
「訪日経験」と「日本大衆の文化イベントに対する関心」は統計的に有意であ
る。訪日経験の増加により，中国人観光客は日本文化により注目することが立
証された。

c．「訪日経験」と「SNSを使って旅行体験を共有する」「現地文化イベン
　トに参加する意欲」

　アンケートでは82.7％の回答者が「SNSを使って旅行体験を共有する」と
回答した。サンプルでは訪日経験が「2～4回」や「SNSを使って旅行体験
を共有する」の回答者はSNSによる共有意欲がより高い。

訪日経験	総人数	選択人数	比　　率
1回	1,098	889	81.0％
2～4回	546	473	86.6％
5回以上	297	242	81.5％
定住経験者	87	73	83.9％
合　　計	2,028	1,677	82.7％

第9章　2つのアンケートに基づく中日間の国際観光コミュニティの再検証　193

上記のデータをカイ二乗値検定すると，その結果は下記のとおりである。

訪日経験	観測値 O	期待値 E	（O－E)^2/E
1回	889	908	0.4
2～4回	473	451.5	1.02
5回以上	242	245.6	0.05
定住経験者	73	71.9	0.02
カイ二乗値＝			1.49
自由度K＝（4－1）×（2－1）＝			3
確率P＝			0.05
有意水準 CHIINV（確率P，自由度K）＝			7.81
帰無仮説は			排除されない

「SNS を使って旅行体験を共有するか」と「訪日経験」と無関係という帰無仮説は排除できない。つまり中国人観光客が SNS を使って旅行体験を共有する意思があるかどうかは，訪日経験とは関係がないことが検証された。

d．「訪日経験」と「SNS を使って一番共有したい旅行体験」

ただし「SNS を使って旅行体験を共有する」を選んだ観光客では，以下の図のように，一番共有したい旅行体験が明らかに異なっている。

訪日経験が異なるが，中国人観光客が一番共有したい体験の上位は「観光スポット」と「グルメ」である。しかし訪日経験の増加に伴い，「観光スポット名所」は減少傾向にあり，一方では「グルメ」の傾向は高まり，リピーターのなかにはショッピング体験の共有を望む人も多い。ただ本アンケートの日本定住経験者（87人）のなかには，ショッピング体験の共有を一番に望んだ人は1人もいなかった。そのなかに「訪日体験」と「一番共有したい体験はグルメ」を比較すると，結果は以下のとおりである。

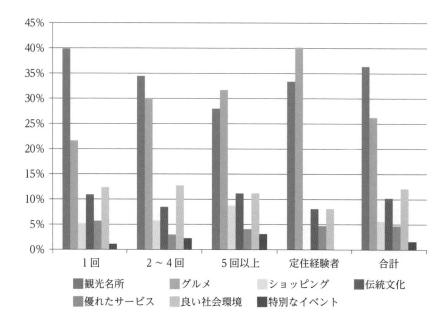

訪日経験	総人数	選択人数	比　　率
1回	1,098	237	21.6%
2～4回	546	164	30.0%
5回以上	297	94	31.6%
定住経験者	87	35	40.2%
合　　計	2,028	530	26.1%

　上記のデータをカイ二乗値検定すると，その結果は以下のとおりである。

訪日経験	観測値 O	期待値 E	$(O-E)^2/E$
1回	237	287	8.7
2～4回	164	142.7	3.18
5回以上	94	77.6	3.46
定住経験者	35	22.7	6.61
カイ二乗値＝			13.25
自由度 K＝（4－1）×（2－1）＝			3
確率 P＝			0.05
有意水準 CHIINV（確率 P，自由度 K）＝			7.81
帰無仮説は			**排除される**

　つまり「一番共有したい日本旅行の体験はグルメ」は「訪日経験」と無関係という帰無仮説は排除される。訪日経験の増加に伴い，中国人観光客は，日本料理に対する好み（日本文化に対する好みでもある）が明らかに向上するということが検証された。

　e．SNS を使って旅行体験を共有する意欲と現地日本民衆の文化イベントに参加する意欲

「SNS を使って旅行体験を共有する意欲」と「現地日本民衆の文化イベントに参加する意欲」を比較すると，SNS を使って旅行体験を共有したいと思う観光客は，現地日本民衆文化イベントに参加する意欲がより高いことを示している。

参加興味	総人数	選択人数	比率
興味がある	1,652	1,416	85.7%
興味がない	376	261	69.4%
合　計	2,028	1,677	82.7%

　上記のデータのカイ二乗値検定した結果は次のとおりである。

参加興味	観測値 O	期待値 E	（O－E)^2/E
興味がある	1,416	1,366.1	1.82
興味がない	261	310.9	8.02
カイ二乗値＝			9.84
自由度K＝（2－1）×（2－1）＝			1
確率P＝			0.05
有意水準 CHIINV（確率P，自由度K）＝			3.84
帰無仮説は			**排除される**

つまり「SNS を使って旅行体験を共有する意欲」が「現地日本民衆の文化イベントに参加する意欲」と無関係という帰無仮説は排除される。サンプルから導かれる結果の違いは明らかで，「SNS を使って旅行体験を共有する意欲」および「現地日本民衆の文化イベントに参加する意欲」は統計学的に有意で関連性がある。SNS を使って旅行の経験を共有する訪問者は，現地文化イベントにもっと積極的に参加し，文化的なイベントに参加する訪問者は，旅行の経験を共有するために SNS を使用する意欲が高いという関係性がある。中日観光の実践において，SNS の情報拡散と文化イベントと主催と宣伝を結合させることは積極的な意義があることがわかる。

(2)　日本人対象のアンケート

a.「中国人観光客との交流経験」と「中国人観光客に対する印象」

日本人対象のアンケートでは，中国人観光客との交流の程度の相違により，日本人の中国人観光客に対する印象は大きく異なることが示された。中国人観光客と「交流したことがない」日本人は全体的に中立であるが，印象が「あまりよくない」と「悪い」の比率が最も高い。一方中国人観光客との交流が増えるに従い，中国人観光客に対する印象は改善に向かっている。「簡単な対話」の経験がある場合には，中立的な立場を選ぶ回答者の数が減り，全体的な状況は依然として中立であるが，「あまりよくない」と「悪い」の合計比率は，「よい」と「ややよい」比率と基本的に同じ水準となっている。「深い話し合い」

の経験がある場合には，中立的な立場を選ぶ回答者の数が大幅に減り，「よい」と「ややよい」の回答者が明らかに主流になっている。

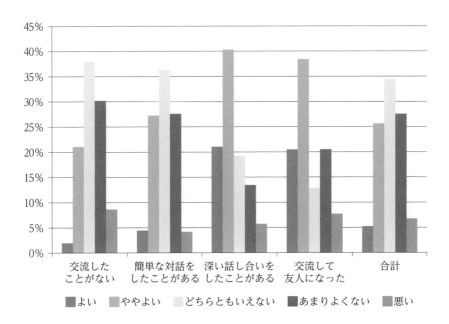

交流経験	総人数	積極的な印象	比　率
経験がない	499	115	23.0%
簡単な対話	359	114	31.8%
深く話し合い	52	32	61.5%
友人になった	78	46	59.0%
合　計	988	307	31.1%

　上記のデータのカイ二乗値検定すると，その結果は下記のとおりである。

交流経験	観測値 O	期待値 E	$(O-E)^2/E$
経験がない	115	155.1	10.35
簡単な対話	114	111.6	0.05
深く話し合い	32	16.2	15.53
友人になった	46	24.2	19.54
カイ二乗値＝			45.47
自由度 K ＝（4－1）×（2－1）＝			3
確率 P ＝			0.05
有意水準 CHIINV（確率 P，自由度 K）＝			7.81
帰無仮説は			排除される

　つまり，観光地日本人の「中国人観光客に対する印象」は「中国人観光客との交流経験」と無関係という帰無仮説は排除される。サンプルから導かれる結果の違いは明らかで，「中国人観光客との交流経験が多い」ほど，「中国人観光客に対する印象はもっと積極的」であり，統計学的に有意であり，関連性がある。アンケートの結果から中国人観光客との交流を通じて，日本人の中国人観光客に対する印象がより積極的になっていることが証明された。

交流経験	総 人 数	消極的な印象	比　　率
経験がない	499	194	38.9%
簡単な対話	359	114	31.8%
深く話し合い	52	10	19.2%
友人になった	78	22	28.2%
合　　計	988	340	34.4%

　上記のデータのカイ二乗値検定すると，その結果は下記のとおりである。

交流経験	観測値 O	期待値 E	（O－E)^2/E
経験がない	194	171.7	2.89
簡単な対話	114	123.5	0.74
深く話し合い	10	17.9	3.48
友人になった	22	26.8	0.87
カイ二乗値＝			7.98
自由度K＝（4－1）×（2－1）＝			3
確率P＝			0.05
有意水準 CHIINV（確率P，自由度K）＝			7.81
帰無仮説は			**排除される**

　サンプルから導かれる結果の違いが顕著で，「中国人観光客との交流の程度」と「中国人観光客に対する印象が消極的」は統計学的に有意であり，関連性がある。アンケートの結果から，観光地日本人民衆は「中国人観光客との交流経験が少ない」場合には「中国人観光客に対する印象が消極的」であることも証明された。

ｂ．「中国人観光客との交流経験」と「中国人観光客が日本民衆文化イベントに参加していることに気づいた」

　中国人観光客のアンケートでは，33.6％の回答者が旅行中に現地日本民衆の文化イベントが行われていることに関心を持ったと回答している。日本人に対するアンケートでは，中国人観光客が現地の日本文化イベントに参加したことに関心を示した回答者は12.6％しかいない。しかし中国人観光客と「深く話し合い」または「友人になった」と回答した約3割が，中国人観光客が現地の日本文化イベントに参加していることに関心を示しており，中国人観光客に対するアンケート結果と類似している。

交流経験	総 人 数	選択人数	比　率
経験がない	490	35	7.1%
簡単な対話	344	49	14.2%
深く話し合い	46	14	30.4%
友人になった	77	23	29.9%
合　　計	957	121	12.6%

上記のデータのカイ二乗値検定すると，結果は次のとおりである。

交流経験	観測値 O	期待値 E	（O－E)^2/E
経験がない	35	62	11.73
簡単な対話	49	43.5	0.7
深く話し合い	14	5.8	11.52
友人になった	23	9.7	18.07
カイ二乗値＝			42.01
自由度 K＝（4－1）×（2－1）＝			3
確率 P＝			0.05
有意水準 CHIINV（確率 P，自由度 K）＝			7.81
帰無仮説は			**排除される**

　つまり観光地日本人民衆の「中国人観光客に対する注目」は，「中国人観光客との交流経験」と無関係という帰無仮説は排除される。サンプルから導かれる結果の違いは大きく，「中国人観光客との交流経験」と「中国人観光客に対する注目」は統計学的に有意で関連性がある。中国人観光客との交流経験が多くなると，日本民衆は文化活動において中国人観光客を特定のコミュニティメンバーとして識別する傾向が強くなることが証明された。

2 中日間の国際観光コミュニティを発展させるために

　中国人観光客と受け入れる側の日本人を対象とした2つのアンケートから，日本のインバウンド産業，中国のアウトバウンド産業の発展にそれぞれ有益な情報を回収し，今後の両国における観光産業振興の実践に適用するものとして，

中日間の国際観光コミュニティのさらなる発展に寄与するであろう。一方イン
バウンド観光とアウトバウンド観光に立場の違い，両国の発展段階の違い，さ
らには国民性の違いにより，多くの課題が存在し続ける事実もある。

(1) 「日本の現実」と「中国の現実」の共有

　本アンケートの中国人観光客に対して，「もし中国人観光客があなたに悪い
印象を与えた場合，その理由は？」の質問に対して，公衆マナーとルールの順
守に関するコメントが多かった。これらの問題は，さまざまな要因が作用して
いると考えられる。何と言っても先進国の日本と発展途上の中国の違いがある。
日本では法律や規則がすでに国民社会生活の中に浸透し，かつ厳格に守られて
いるのに対し，中国ではまだその段階に至ってはいない。中国人観光客はこれ
らの規制に対する認識を欠いており，そうした規制の存在すら知らない現実が
ある。すなわち，「日本のマナーと中国のマナーが異なっている」ということ
である。

　一方日本のインバウンドにおいて，中国は最大の観光客源であり，訪日中の
平均消費額は他の主要な観光地がある国や地域を大幅に上回っている。本調査
における日本人を対象にしたアンケートでは，92.8％の回答者が「日本への観
光は外国人観光客に日本文化をより深く理解させ，外交と経済交流を一層促
す」との見解に賛同した。また「あなたの職業は観光客から恩恵が得られます
か」という質問に回答者の約48.7％が得られると答えている。これの結果は観
光立国による地方経済の活性化という地域創生の方向性に合致しており，リ
ピーターを含む多くの中国人観光客が日本を訪れ，観光地の居住者との交流拡
大を通じて，観光客の日本の文化に対する理解を深めるという国の政策に合致
していることを意味する。

　両国民による観光交流の推進は，時間はかかるが多くの問題を解決し，問題
視する必要がなくなる日が来るのであろう。日中間のマナーやルールの違いで
起きるさまざまな問題に対しては，誤解解消のための相互理解の促進を旨とす
る呼びかけや，中国国内での国民に対する観光マナーに関するキャンペーンが

不可欠である。それらの努力を通じて，中国人観光客と居住者の日本人との間の価値観の共有を形成していくことが可能となると考える。

(2)　日本国内仕様品とサービスの訴求力の向上

中国人観光客に対する質問の中で，「あなたは他の国より日本を旅行先として選択する主な理由は何ですか？」との質問に対して，53％の回答者は「日本特有の商品とサービス」と「日本特定の観光資源」（52.4％）および「日本文化への関心」（53.3％）を選んだ。同時に66.6％の回答者は，「あなたが再び日本を訪れる意欲があるならばその理由は何か？」の質問に対して66.6％の回答者が「質の高い商品とサービス」を選んだ。これは「良い観光資源」（59.2％）と「文化社会への認識度（33.7％）」があったからである。

中国人観光客にとって，日本国内版の商品は割安なプレミア商品である。その根底にあるのは日本の規制と中国の税制である。日本はアジア最大の先進国であり，その技術力と商品の製造および流通に関する厳格な規制のもと，日本で販売されている製品は高品質が保証されている。一方中国の国内税制では，輸入品に高い税金がかけられる。時には消費者の輸入品志向の心理を利用して，コピー商品を販売したりするものもある。訪日旅行のついでに，日本国内で正規ブランド品を購入することは，訪日観光の重要な価値となっている。

中国人観光客のアンケート調査から，彼ら自身とその家族のため，あるいは親戚や友人のための主な買い物は，化粧品や日常消費品に集中している。このように日本の国産品という観光資源にも大いに活用する価値がある。

また中国人観光客の調査アンケートでは，買い物以外で日本のサービス業を経験したと答えたのは11.2％にすぎなかった。団体客を中心とする今回の回答者は自由時間がほとんど与えられておらず，観光スケジュールにない活動に参加できなかったことが背景と考えられる。しかし個人リピーター客の増加により，今後の傾向としてその地の独特なサービス，たとえば，医療，美容，温泉，公演などに対するニーズが大きく見込めることは多くの観光地で確認されている。その意味で中国人観光客を受け入れるサービス業の拡大は，コミュニケー

ション能力を含めて専門人材の育成を含めて，政府観光担当部署や旅行業界において，中日間の国際観光コミュニティの促進を念頭に関連観光資源の再開発が求められる。

⑶　リアルな交流とバーチャルな交流

中国人観光客へのアンケート調査では，旅行中に33.6%の回答者が旅行プラン外の日本人のローカル文化活動を見ており，81.5%の観光客が日本人の日常文化活動への参加に関心があると答えた。なかでも「地域習俗イベント」に参加する意欲が最も強く，80.4%を占めており，2位の「歴史記念イベント」（29.7%）をはるかに上回っている。

日本人居住者アンケートでも同様の現象が見られ，回答者の50.3%が中国人観光客と交流したことはないと答えているが，12.7%の回答者が中国人観光客は旅行プラン以外の地域文化活動やイベントに参加したのを見たと回答している。「観光以外では，地元のどんな文化活動・イベントなら，中国人観光客により深く日本文化を理解してもらえると思いますか？」という多選択質問に対して，66.0%が「地域習俗イベント」を選び，2番目は24%の「商業イベント」であった。

これらの回答から，地域の習慣的文化活動は，中国の観光客と地域住民の間での交流をとおして日本の観光地の価値を強化，そして旅行体験を高めることができる良い組み合わせのポイントである。日本の文化活動の中で最も典型的なものは，毎年春に行われる花見イベントで，日本のインバウンド観光振興のためにも非常に良いセールスポイントといえる。特に中国人観光客がSNSの活用による日本旅行経験の共有と答えた比率は82.7%であり，また回答者の65%が知人のWeChatのモーメンツなどに掲載している情報を参考するという事実がある。

上記現象は，中国人観光客はSNSを利用し，旅行経験を共有することを好むことを示している。同時に中国人観光客の口コミの影響力は，メディアや旅行代理店が配信する宣伝力よりも高いことがわかる。国際観光コミュニティに

おけるバーチャルコミュニティの形成は，中国人観光客にとって必要不可欠な形態となると同時に，日本のインバウンド観光を促進するための盲点となる可能性がある。

特に日本国内でよく利用される一部のアプリやサイトなどが中国で使用できない場合がある。そのため，日本側観光業界によるインターネットマーケティングの際，中国のインターネット環境の特性を考慮する必要があり，中国人観光客に届けやすいサイトやアプリの活用を工夫する必要がある。

(4) ジャスト・フィット・プランの工夫

今回の中国人観光客アンケート調査によれば，54.1％の回答者が初めて日本を訪れ，26.9％の回答者が2～4回日本を訪れ，14.6％の回答者が5回以上の訪日経験を持ち，4.3％の回答者は日本に居住した経験があり，リピーター客の数は全体の半分近くを占めている。同時に中国人観光客の95.6％が再度日本を訪れる意欲を持っている。

今回のアンケート調査では，リピーター客に限定した調査は行えなかったが，リピーター客はすでに十分に検討に値するターゲット集団である。国際観光コミュニティの形成において，「再訪の実現」が最も重要視される。この段階で観光客と観光地居住者との間につながりの感情を形成し，一部の価値観の共有も可能になる。このような視点を考慮して，日本政府と地方自治体にとっては，どうやってリピーターの再訪意欲を高められるか，特に「必ず再訪する」という割合をどのようにさらに上げていくかが重要であり，そのための再訪者向けの新鮮感を絶やさない観光価値を提供する工夫が求められる。

実際に中国国内のイーコマースおよびインターネットサービスでは，顧客の理想を熟知し，市場を熟知した多数のデータに基づく豊富な実践を試みている。たとえば特定のリピーター客の個別データに基づきそれぞれの選好にジャスト・フィットした個別プランを推奨したり，期間限定でリピーター客が利用できる消費者クーポンや，本人は利用できないかわりに親戚や友人に提供できるクーポンをセットで提供するなどの工夫が図られている。

⑸ 「日本的価値」の有効活用

　「訪日経験」を通して自分の中国国内での生活習慣と考え方に変化があったと回答した中国人観光客は75.5%に達した。自身に変化をもたらしたものとして，具体的には日本の「社会秩序」，「環境保護・エコ理念」，「ミニマリズムのライフスタイル」，「職人精神」などがあげられた。

　日本の「環境保護・エコ理念」が注目される背景には，中国経済の急速な発展に伴う大気汚染問題，交通渋滞問題などが中国社会の大きな問題となっている現実がある。急速な工業化と経済発展は，日本もかつて同様の問題に直面した経験があり，その克服のために日本が開発した多くの環境改善技術は中国国内でも活用される価値がある。中国の環境問題の解決は，他方で日本経済のために利益をもたらすものである。

　また，「ミニマリズムのライフスタイル」に関する回答によれば，これは現在の中国人にとっても新たな生活スタイルの形成に有効なものであると考えられる。中国人観光客，特に一部の富裕層が現代の日本人のライフスタイルに強い関心を持っている。「断捨離」，「シンプルな食材」，「精巧で細密な生活スタイル」という要素を取り入れた現代日本のミニマリズムのライフスタイルは，中国人観光客にも大いに受入れられる可能性がある。

　中国はまだ発展途上であり，地域によって発展のアンバラスが人々の生活に格差をもたらしており，社会的価値観の多様化を引き起こしている。日本はアジア最大の先進国であり，自然環境は整理され，社会の秩序は整然としている。日本発展のさまざまな経験は，中国にとって参考にする価値があり，学ぶべきものも多い。国際観光コミュニティの形成のプロセスにおいて，日本社会での実体験，リピーターとしての再訪などを通じて，中国人観光客は，日本との一部価値観の共有が図られ，それが必然的に中国の発展に寄与するものとなるのであろう。

　観光立国は日本の国策であり，観光産業は日本の中核産業になりつつある。そのなかで中国はすでに日本にとって最も重要な客源地であり，観光消費の貢献度もトップに立っている。このような中国人観光客の訪日と再訪は，地域経

済活性化の起爆剤になることができ，同時に日本の高品質商品が，中国人観光客の再訪促進剤になることができれば，それだけ日本社会の美点を中国が取り入れるチャンスが広がり，まさに両者にとってのウィンウィンの関係になる。アンケート調査では，日本を訪れた中国人観光客の実体験により日本に対する感情が著しく改善されることが明らかとなっている。同時に，日本人にとっては中国人観光客を積極的に受け入れることで，交流が促進されることになる。今後，中日間の国際観光コミュニティの形成・成熟により，中国人観光客を通じた日本人とのつながりの強化は，両国関係の調和的発展の大きな促進力になるに違いない。これは，中日間の国際観光コミュニティを築くことの最大な意義になろう。

第10章

日中間の国際観光コミュニティの
可能性への示唆

　本書はこれまで主として非居住者である中国人観光客と観光地の居住者である日本人との間に観光地訪問を通じて形成されるつながりの感情に着目して分析し，さらにこのつながりの深化のプロセスを通して，中日間の国際観光コミュニティの形成を検証してきた。その意味で本書は，これまで日本のインバウンド市場を主な研究対象に国際観光コミュニティの分析の枠組みを提示してきた。一方日本人観光客による中国へのアウトバウンド観光は1978年の「中日平和友好条約」が締結後本格化し，ピーク時の2007年に約400万人の日本人観光客が中国を訪れていた。その後，中日両国の政治・経済の動向等の影響を受け訪問者は減少しているが，依然として年間270万人規模を維持している。こうした事実から，中日間の国際観光コミュニティの形成を分析する枠組みを利用して，日本人観光客による対中アウトバウンド観光にも適用できるかどうか，以下検討する。

1　国際観光コミュニティの形成の条件

　「AISASの法則」に従って，観光地について観光客が，「初めての発見」⇨「観光地への関心の深化」⇨「さらなる情報収集」⇨「訪問の実行と再訪の約束」⇨「友人への推奨」という観光客が観光地とのつながりを次第に強めていくプロセスを，国際観光コミュニティを形成する5段階と定義した。インバウンド観光でも，アウトバウンド観光でも全く同じ条件で適用することが可能である。国際観光コミュニティの形成にあたって，以下の条件が必要と考えられる。

(1) 観光地の観光価値

観光地の観光価値は，観光客を観光地に惹きつける力の源泉である。それがなければ観光客と観光地の間の「相互発見」も「訪問意志の形成」も起きえない。観光地としてお客様に提供し得る観光価値こそが観光客の誘致を可能にする。

観光地の発見という段階においては，マスメディアやインターネットのような媒体や，観光協会あるいは観光会社の製作する紙媒体などにより，観光地の観光価値が観光客に伝達される。その際，提供された情報の客観性と真正性が第一に問われる。同時に，観光地の持つ観光価値について，客観的で真正な情報を提供しようとする観光地側の誠実性も問われるのである。

また訪問意志の形成の段階になると，事前に得られた情報は，実はバーチャルなものでしかなく，観光客にとってその客観性と真正性を判定する手段は限られている。そこに提供されている情報が過大広告である可能性は常に存在しており，真実性を確かめる容易な手段は，ネット上で公開されている当該観光地の各種サービスに対する個別の評判やレーティングなどしかない。そこには実際に現地を訪問し，それらサービスを享受した人々の感想や評価が公表されているので，おおむね信憑性のあるものといえよう。もちろん時にはサービス提供者側が意図的に高めの評価を誘導するなどの可能性も否定できない。

こうした情報の非対称性の存在は長期的に見て，観光地側に決して利益をもたらすものではない。バーチャルな誇大広告を信じて，訪問の実現に達した観光客は，観光地のリアルな現実を目の当たりにし，裏切られたと感じてしまう場合には，決して再訪の約束を行わないであろう。観光客は当該観光地のバーチャルな情報が誇大であり，決して真実を伝えていないことを友人や周囲の人々に語るであろう。なかにはそれをネットで公表し，当該観光地に復讐を試みるケースも生じるはずである。そうした事態を避けるためにも，情報提供における観光地側の誠実性はきわめて重要である。

このようにバーチャルな情報には常に信頼性の不安がつきまとうが，もし自分の信頼する友人が同じ観光地をすでに訪れているのなら，友人の当該観光地

の観光価値に関する評価は，きわめて信頼性の高いものになる。これらの事実は第7章のアンケート結果からすでに立証済みである。信頼できる友人からの情報は，観光地側にとり「両刃の剣」であり，強力な後押しにもなれば，甚大な被害をもたらしかねない妨害者にもなりうる。

　このように観光地が提供可能な観光価値について，提供された情報の客観性と真正性がきわめて重要であり，かつ観光地側の情報提供姿勢の誠実性がきわめて重要であることは明らかである。これら3つの客観性と真正性と誠実性が揃っていれば，観光客の誘致は必ず成功するのかといえば，決してそうではない。観光地の提供する観光価値そのものが，観光客を魅了するだけの内実を備えていなければ，決して誘致は成功しないのである。

　言うまでもないことであるが，観光地の提供する価値が実は内実のないものである場合，すなわち当該観光地には見るべき観光資源が乏しく，それをどれほど着飾ってみせても内実のある観光価値には仕上げられないような場合，そのことを観光地側が「誠実に」伝えれば，観光客は決して当該観光地に来ないだろう。つまり情報提供における観光地側の姿勢の誠実性が重要であるのは，観光地の観光資源が真に豊かなものであり，それを内実があり，魅力ある観光価値として享受可能な形に仕上げられている場合に限られている。

(2)　再訪意欲の形成

　再訪意欲の形成は，国際観光コミュニティの形成にとってきわめて重要な段階である。特に再訪の願望は出発点となる。国際観光コミュニティの形成は一度目の訪問が成功すれば後は自然に充実・強化されていくという性格のものではない。観光地側が，観光客を失望させ，落胆させてしまうきっかけは常にある，という緊張感をもち，心からあふれ出る歓迎の気持ちをもって観光客に接しなければ，観光客の心に再訪の願望を湧き出させることはできない。

　それではどうすればお客様の心に再訪の願望を湧き起こすことができるのであろうか。まず必要なことは，ようやく実現した訪問と受け入れの機会を最大限に活かすことである。観光地のもつ観光資源の素晴らしさを最大限に享受で

きる形の観光価値に仕上げ，周到なプランに従って，観光客がその時々に必要とするアドバイスや手助けを提供しながら，よりスムーズに旅行を体験してもらうことが大切である。そうすることにより，当該観光地の観光資源に対する認識を深めてもらうことが可能となり，当該観光地の観光価値を存分に楽しんでもらうことが可能となる。こうして初めて観光客の心に再訪の願望が湧き起こる可能性が高まる。

　ただし観光地の観光業に従事している人々が上記のような細心の注意を払って観光客に接したとしても，彼らの心に必ず再訪の願望が湧くわけではない。観光業に従事していない現地住民の中には，急増した観光客を迷惑な存在としか見ていない人も多いからである。そうした住民からすれ違いの瞬間に険しい目つきで睨まれれば，何も言葉を浴びせられなくても，当該住民が観光客にどのような感情を抱いているかはすぐに伝わってしまう。逆に観光の先々で行き交うすべての人々から温かいまなざしで迎えられれば，観光客の当該観光地に対する印象は格段によくなるはずである。

　したがって，観光地の豊な観光資源を存分に活かし，享受可能な形に仕上げ観光地の観光価値をどれほど高めても，それだけでは不十分なのである。観光客からいかなる恩恵も受けていない人々をも含め，すべての現地住民が観光客に対して敬意と感謝の気持ちをもって接することができなければ，観光客の心に再訪の願望を必ず湧きおこさせる，ということはできない。

　すべての現地住民に観光客に対する敬意と感謝の念を持たせることは，もちろん不可能である。しかし観光地がそれを目指して，可能な範囲での努力を尽くすことは可能である。その努力は第７・８章のアンケートの結果を踏まえれば，確実に成果をあげることができるはずである。

　中国人観光客対象のアンケートにも示したように，今回の目的地として日本を選んだ理由については，50％を超える回答者が，「日本特有の観光資源」，「日本文化への関心」，「日本特有の商品やサービス」をあげている。これに対して「日本社会に対する親近感」をあげた回答者はわずか19.6％にすぎなかった。この事実は両者の差である30％強の回答者が，日本に対する親近感を持っ

ていないにもかかわらず，日本に対する何らかの関心を持っており，それを確かめるために訪日を決断してくれたことを意味する。

　彼らは日本のことを必ずしも好きではないが，とにかく一度行って自分の眼で確かめてみようと考えた人々であり，日本に対し親近感を抱く可能性を秘めた大切な層なのである。このことはアンケートの質問に「また日本を訪れたいですか」という質問に対する回答に現れている。「きっとまた来る」と答えた人が64.4％，「たぶんまた来る」と答えた人が31.2％であった。つまり，合計95.6％の回答者に「再訪の願望」が芽生えたのである。一度の訪日観光により，多くの観光客の対日感情の改善があったことになる。

　しかし再訪の願望が上記のような形で思い通りには，湧き起こらない場合もある。両国の文化と価値観の相違が原因で行き違いが生じ，現地住民との関係を悪化させてしまう場合もある。そのような場合には再訪の願望が湧くことは決して起きず，最終的に旅行体験に対してきわめて大きな悪影響を及ぼすことになる。同様に交通機関利用時の他の乗客とのトラブルや，他の宿泊客とのトラブル，添乗員とのトラブルなどによる悪影響も，観光客の再訪意向を決定的に左右する原因となりえるのである。

　こうしたトラブルに遭遇しなければ再訪の願望は必ず湧くのかといえば，そうとは限らない。旅行客の再訪意向を左右するもうひとつの要因は，観光客の観光消費行動を見守る現地住民の温かい眼差しである。「訪問と受け入れの実現」の段階で，観光業に携わっていない現地一般住民により，必要な時にはいつでも援助の手を差しのべようというポジティブな態度で見守られていれば，それは彼らの大きな安心につながり，彼らの再訪の願望を大いにかきたてるはずである。異なる文化圏からやって来た旅行客に対し，日本に関心を抱き観光の目的地に選んでくれたこと自体に敬意と感謝の念をこめて，彼らの観光消費行動が当初のプランどおりに進むようにと祈りながら彼らを見守れば，彼らは自国にいるときを上回るほどの居心地のよさを感じるだろう。そのような観光地の一般住民の温かい関心と手助けがあってこそ，観光客は観光地の観光資源を最大限に発揮するように仕上げられた観光価値を最大限に享受することがで

きる。同時に観光地の住民もある程度来訪者らの文化環境を理解し，それに対して寛容的に接する姿勢が求められる。

(3) 観光客と居住者との価値観の共有

再訪の実現において，観光客は再訪の回数を重ねるなかで，観光地の一般住民との間で交流の機会が増し，観光地の文化に対し，より的確に認知することが可能となっていく。観光地住民には当該観光地の持つ観光資源に対する誇りがあり，これを大切に守り育てたいという「思い」があるのが通常である。観光客は現地住民との交流を深めるなかでそうした人々の「思い」に共感し，その価値観への同調を次第に深めていくことになる。そしてやがては同様の価値観を持つようになり，観光客と現地住民との間は同じ「思い」で結ばれた「つながり」が形成されていく。それは観光客と観光地住民の間で展開された観光交流という互いの働きかけ（相互作用）を通して生まれた「共通の絆」であり，それが両者の間の「価値観の共有」につながっていくのである。

そうした「価値観の共有」は，単に「観光資源を大切に守り育てたい」という「思い」だけにとどまるものではない。観光交流を通して得られた観光地のあり方に対する共感にも自然に及んでいく。たとえば日本社会の環境に対する配慮，高度に発達したゴミ分別リサイクル制度，目的・用途に応じた軽自動車の重用，ハイブリッド自動車の普及，高度に発達した立体駐車システム等々。これらは大気汚染と交通渋滞に日常的に直面している中国人観光客にとり，強烈な衝撃を与えるものであり，特別な体験として記憶に残り，自国もそうした社会を目指したい，という価値観の同調を促す効果が生まれる。

❷ 日中間の国際観光コミュニティの形成をめぐって

中国と比較すると，日本の海外への旅行歴はさらに長く，早くも1964年に国民の海外旅行は解禁された。その後世界の政治的，経済的環境の変化と日本国内の情勢変化に伴い，日本のアウトバウンド観光は複数の段階を経験し，それぞれの段階で異なる変化や傾向を見せていた。1972年の中日国交正常化を機に，

1974年に日本と中国は直行便を就航するようになり，それ以降，中国は日本国民の海外旅行先のひとつとなっていた。近年，中日両国の外交的・政治的関係の変化とともに，中日間の経済貿易関係および競争関係のなかで，日本人の中国旅行もまた絶えず変化と発展をとげてきた。今後，日本人観光客による中国訪問の拡大，持続させていくためには，以下の条件が中国側に求められる。

(1) 観光資源と観光産業の整備

a．豊かな世界遺産関連の観光資源

日本で販売されている海外旅行商品のなかで，最も熱い関心の的は「世界遺産」である。1985年中国は『世界の文化遺産および自然遺産の保護条約』に正式に加盟してから，世界遺産プロジェクトをユネスコに提出し続けてきた。2019年7月現在，中国は合計55件の世界遺産（自然遺産14件，複合遺産4件，文化的景観遺産5件，文化遺産32件）が認められ，名実ともに世界遺産大国となっている。ちなみに首都の北京だけでも，7件の世界遺産（紫禁城，頤和園，天壇，万里の長城，明の十三陵，京杭運河，北京原人遺跡）が登録されており，世界遺産登録件数の最も多い都市である。

また中国の世界遺産は中国の歴史と文化に関連しているだけではなく，広大な領土と複雑で多様な地理的環境のもと，四川省の九寨溝と湖南省の武陵源などをはじめ，日本でもよく知られている自然遺産観光地を多数有する。しかも世界遺産が各地に広く分布しているため，季節や地域を問わずさまざまなスタイルでの旅行が楽しめる。これらの情報は日本の旅行代理店等を経由し，豊富な旅行商品に仕上げて提供することができれば，観光地の発見，訪問意志の形成に必ずつながるはずである。

b．観光価値の中核となる中国文化

中国は数千年もの歴史を持つ古代文明国であり，豊かな文化を形成し，近隣諸国やアジア全体に強い影響力を有すると同時に，彼らを惹きつける強い魅力を持っている。日本は中国との関係が長く，言語，服装，食べ物，建築，文学そして芸術をはじめ，日本文化は中国文化の影響を色濃く受けている。同時に

中国文化も継続的な発展を遂げている。現代においても世界各国から強い影響を受けており，現代と伝統の組み合わせた文化価値の高い観光資源が多数有している。また中日文化交流の推進や日本人と中国人との人的交流の深化により，中国文化と日本文化との一定程度の融合が現れることもある。その意味で，欧米とは異なり，中日の人々の相互訪問は特別な意味を持ち，互いの文化を体験することにより互いの文化について深く考えるきっかけにもなる。したがって中国文化を体験することは，日本人観光客にとって自国文化の淵源を知ることにつながる特別な意味があり，それが再訪の実現に到達するための鍵となるはずである。

　ｃ．経済発展に伴った観光地価値の向上

　安定成長期に移行した日本とは異なり，中国は依然として発展途上にあり，発展し続けている。経済のグローバル化は，中国社会に劇的な変化をもたらしている。伝統的な中国文化とは異なる世界の多様的な価値観や，ライフスタイル，現代アートなどが中国に持ち込まれることによって，中国文化には多くの影響を受け，そこから独自の変化と発展をもたらしつつある。これにより観光客は伝統的中国文化とは異なる体験をすることができ，新たな観光価値を創造することができる。これは日本人観光客の再訪に大きなインセンティブになるものと考えられる。

　ｄ．目的別の観光プロジェクトの推進

　さらに中日間では伝統的な観光産業とは異なる特定の旅行関連のプロジェクトが行われている。たとえば，内モンゴル自治区での植林，中日交換留学と教育支援，囲碁，書道などの体験を交えた旅行などがある。このような交流を通して日中両国の文化の融合が進み，友情が深まり，相互に影響を与えながら未来に向けて送り伝えられていく。

⑵　日本人観光客による再訪意欲の向上

　2000年前後に，日本では中国旅行ブームが起き，その後2010年には中国を訪れる日本人観光客数は史上最高の373万人に達した。しかし，さまざまな影響

により，訪中日本人観光客数は減少し続け，2018年には269万人まで減少するに至っている。いうまでもなく，このような状況の下では，「再訪の意欲」，「再訪の実現」が困難になる。日本人観光客の再訪意欲に悪影響を与えている要因は以下のものが考えられる。

a．観光環境の整備

北京，上海，広州，深圳はより高度に開発された都市であるが，中国全体は依然として発展途上国であり，中国国内の都市建設や公共施設の完成度は日本と比較すると依然として低いと言わざるを得ない。インフラ面では中国には技術，規模，コストの強みもあるが，利便性を追求するソフト面では，日本とのギャップはまだ大きい状況にある。

外国人観光客にとり，中国旅行で最も懸念されるものとしては大気汚染があげられる。背景には中国経済の持続的な発展による大規模な工業開発，急速な都市化，および自動車保有台数の増加などがある。これらはいずれも中国の環境問題として外国人の訪中を妨げる要因とみられている。

b．外国人観光客の受け入れ態勢

中国は世界最大の発展途上国であり，人口が多いため，地域によって所得水準に大きな格差が存在する。このため中国は世界主要国にたいしてビザ免除観光がまだ実現できていない。その結果，一部の国の旅行者は中国入国にあたって，ビザが免除されない。近年中国の主要都市では，45カ国に対して72時間以内の滞在者に対するビザ免除制度が設けられた。日本人観光客に対しては早くからビザなしで15日間の中国滞在が認められており，訪中日本人観光客にとって煩わしいビザ申請手続きは不要になっている。

ただし日本人観光客にとり受け入れ環境の整備はまだ十分とはいえない。主要都市の空港以外では，中国語が話せない日本人に対して，たとえば日本語の看板や音声放送はほとんどなく，日本人観光客のために日本語できるスタッフの配置や，日本で普及しているSUICA決済などの対応がまだ行われていない。また中国の国内事情により，インターネットの使用環境は外国人にとって必ずしも使い勝手の良い状況にあるものではない。これらも訪中日本人にとって不

便さを感じさせる理由になっている。

c．観光以外の要因

他の国と比較して，日本人観光客の訪中リピーターになるには，その他の影響を受けやすい要因がある。たとえば対中政治的要因，景気低迷，震災などの日本側の要因と，対日政治的要因，食品安全，マナー問題などの中国側の要因がある。これらが複合的に作用した結果，日本人観光客の訪中観光は次第に足が遠のく結果をもたらしている。加えてこれらの問題に対するメディアの過剰報道は，日本人観光客に一層の不安を与えてしまったことも否定できない。

⑶ 共有可能な価値観への模索

これまでの訪中旅行を通して，日本人観光客と中国地元住民との間で形成される共通の認識は，中国伝統文化に対する肯定的評価が多いことがあげられる。近年の訪日中国人観光客が日本観光を通じて形成される価値観に比べると，訪日中国人観光客がより現代的な日本社会の価値観を共有しやすくなるように感じる。

一方中国国力の向上に伴い，日本人は中国への見方に複雑な心理を抱いているように思われる。中国と日本は長年にわたる歴史的，文化的交流を共通の記憶として胸の奥に持ってはいるが，他方で近現代における「歴史問題」を抱えており，現下の国際政治環境においては立場を異にする場合が多い。その結果両国の間には種々物議を醸し，対立的な場面も多く見受けられる。また経済面では，その地理的近接性から切っても切れない関係にあり，相互依存，相互競争的な関係は今後も続くものと考えられる。

こうした状況が伝統的中国文化に対する肯定的価値観と，現代中国の台頭に対する疑念的な見方の併存という矛盾した価値観が形成される可能性がある。今後日本人リピーター客が中国を訪れ，日中間の国際観光コミュニティを形成していくためには，中国の伝統的文化に対する肯定的価値観を基礎として，その上に現代中国社会のあり方に対する客観的な視点を持つことが不可欠である。もちろんこれは一朝一夕に達成できることではない。訪日中国人観光客の日本

第10章　日中間の国際観光コミュニティの可能性への示唆　217

社会に対する評価が訪日観光体験を通じて徐々に好転したように，中国に対する評価も多くの日本人観光客の訪中を通じて，変わることが期待される。

　訪日中国人観光客の場合では，日本の伝統的な「おもてなし」に対する高い評価に加え，訪日旅行を通して中国人観光客は現代日本社会に対し，多くの新しい価値観を発見した。彼らは日本の環境保護，社会秩序，ライフスタイルなどの領域において，素晴らしく優れた価値観を感じ取ったのである。同様に訪中観光の価値として，中国で本格的な中華料理を食べることにとどまることなく，伝統的な中国文化以外の領域において，商品サービスや理念の価値観を日本人観光客に継続的に繰り返し提供することができるアイデアを模索する必要がある。

　近年中国ブランドのスマートフォンとモバイルアプリケーションが注目を集め，日本にも多くのユーザーがこれらの機器やアプリを活用している。IT 産業と個人起業家が多いことで知られている深圳は中国の新興都市として，日本メディアの集中的な報道により注目を集めている。今後，中国のいくつかの産業において，日本の ACG 産業（アニメ，コミック，ゲーム産業）が訪日中国人観光客の高い支持を集めたのと同様に，訪中日本人観光客の支持を集めることによって中国観光産業の質を高め，中国の観光価値を高めることにより，訪中日本人観光客と中国観光地住民の価値観の共有を促進していくことが期待される。

　今回の日本人対象のアンケート調査では，中国のスマートフォンやモバイル決済が日本社会で広く周知されていることがわかった。訪日中国人観光客と受け入れ側の日本観光地住民との間に成立している国際観光コミュニティが絶えず充実，拡大していくには，日本の商品とサービスの質が絶えず進歩し，観光地としての中核的価値を絶えず向上させているからである。これに対して，訪中日本人観光客の誘致拡大には，中国の観光業界が訪中日本人観光客に対して提供可能な観光価値や訴求すべき理念を再確認する必要がある。

　伝統的な方法論によれば，まずやるべきことは観光地の発見と訪問意思の形成を目標に，観光客への訴求力の再開発を観光地に対して呼びかけることであ

る。既述のように中国は世界有数の世界遺産保有国である。しかし優れた観光資源に恵まれていながら，日本国内の旅行業界で広く認識されているものは，ほんのひと握りでしかない。享受可能な形に仕上げられ，観光商品として打ち出されているものはさらに少ない。このような現状を抜本的に改善するには，観光資源の新たな発掘と観光地の新たな開拓のために，航空会社，両国の旅行会社，両国政府などの協力が必要不可欠である。バーチャル空間で提示する情報量をさらに増やし，日本人観光客により適合した商品企画を行い，より合理的な価格で市場に提供し，日本人観光客の訪中願望をかき立てることも不可欠である。さらに積極的な手段として，より現代的な手段で中国文化を発信することにより，価値ある商品とサービスを考案し，余すところなく観光地の観光価値を訴求する必要がある。

　目下，中国観光に悪影響を及ぼす最も大きな課題は大気汚染である。この問題を解決するために，日本国内の優れた科学技術と長期にわたった実践は，中国にとりきわめて学ぶ価値が高い。中日両国の間には，この領域における協力について，広大な発展の余地がある。中日両国間の観光交流の活性化と同時に，環境保護の領域においてもさらなる価値観の共有を実現し，日中間の国際観光コミュニティの形成を促していくことが求められる。

国際観光コミュニティと
シェアリングエコノミー

終章

　本書は国際観光コミュニティの形成という仮説を念頭にまとめられたものである。これらの仮説は ① 観光前，観光客が友人・知人などとのSNSを通じた観光地情報の共有から形成されるバーチャル型の国際観光コミュニティ，② 観光中，観光客が観光地居住者との交流から形成されるリアル型の国際観光コミュニティ，③ 観光後，観光客が観光客同士，及び観光地の居住者とのSNSを通じた交流の継続，やがてリピーターとして再び観光地に戻ることから形成されるバーチャル＋リアル型の国際観光コミュニティの3つである。仮説の有効性を検証するために，本書は先行研究と実証研究の組み合わせによるアプローチを試み，より客観的に国際観光コミュニティの形成に関する検証を行った。

　実証分析を行うためのアンケート調査は，中国側の回答者は主として団体ツアーの参加者であるため，一部の回答において偏りが生じる可能性は否定できない。このため，今後は個人旅行参加者に対する継続的な調査が必要と考える。なかでも訪日中国人の急増に伴う「団体旅行よりも個人旅行へ」，「物よりも事へ」，「都市部よりも地方へ」という観光スタイルの変化はまだスタートしたばかりで，次第に新たな動向変化が現れることも十分に予想される。したがって現在形成中の中日間の国際観光コミュニティはまだ初期段階にあるといえる。今後のさらなる発展に伴った中日観光の成熟化は，やがてより精緻化された中日間の国際観光コミュニティの姿が出現しても不思議ではない。このため明確な姿を追い求め続ける必要性も生じている。

　客観的かつ時代の変化にも対応しうる国際観光コミュニティの姿を追い求めるためには，近年急速に世界で広がりつつあるシェアリングエコノミーの動向

を見逃すことができない。シェアリングエコノミーとはインターネットを利用して、「乗り物，住居，家具，服など，個人所有の資産等を他人に貸し出しをする，あるいは，貸し出しを仲介するサービスを指す。」[1) 観光分野におけるシェアリングエコノミーは，民泊とライドシェアリングが代表的なサービスとしてあげられる。観光客は，観光前にインターネットで観光地周辺の個人所有の住居を他人に貸し出すサービスがあるかどうかを調べ，自分の希望に合った民泊が見つかる場合，格安で利用できるメリットがある。また個人旅行に参加する観光客が，一般人が自家用車で配車サービスを行うライドシェアリングを利用すれば，リーズナブルな価格で観光地を回ることが可能になる。

　このような観光分野におけるシェアリングエコノミーは欧米を中心に普及し始めて以降，急速に世界の注目を集めるようになった。日本国内では，2020年東京オリンピックに向けて，外国人客の増加が見込まれる中，2016年4月に旅館業法施行令が一部緩和され，住宅の全部または一部を活用して宿泊サービスを提供する民泊サービスがすでに始まっている。ライドシェアリングの試験運用も一部地域で始まり，将来的にライドシェアリングの市場拡大も期待される。一方中国では，民泊やライドシェアリングがすでに導入されており，アウトバウンド観光時の人気サービスとして若い世代を中心に活用している。またシェア自転車サービスに関しては，今や世界最大の市場規模を有するに至り，日本を含めて海外にも進出し始めている。

　さらにアウトバウンド観光時の情報シェアがすでに一般化していることは，訪日中国人観光客対象のアンケート調査が示している。なかでも観光客が友人・知人，または観光地の居住者とのSNSを通じた観光情報のシェアは，今後国際観光コミュニティの精緻化に不可欠な観光インフラになると考えられる。観光客は観光地の選定，観光中の情報発信，観光後の観光客同士，または観光地居住者との継続的な情報交換，やがてリピーターとして再訪の実現など，どの段階においても，観光情報のシェアが存在しており，国際観光コミュニティの形成において必要不可欠の存在になっているといっても過言ではない。

　今後観光客を受け入れる観光地においては，民泊利用の拡大，交通手段とし

てのシェア自転車・シェア自動車など，いずれも観光客が快適な観光地での滞在にとって重要なインフラになりつつある。特に観光客が観光地のコミュニティに入り，観光地の居住者との参加型観光や着地型観光，さらに長期滞在型観光を定着していくためには，宿泊サービスとしての民泊，移動手段としてのライドシェアリングのどれも欠かせない存在であり，日本の地域創生戦略が成功するか否かにかかるサービスといえる。またすでにこのようなサービスに慣れ親しんでいる中国人観光客にとっては，民泊やライドシェアリングなどの観光インフラサービスがなければ，各地方自治体によるインバウンド観光客の誘致拡大にも影響を及ぼしかねない。

　観光市場におけるシェアリングエコノミーの潜在性は，今後さらに広がる可能性があるといえる。この分野における研究の必要性と学問的価値が大いにあるものと認められ，研究課題として広げていく所存である。

注

1）『知恵蔵』2016年版。

参考文献

I 「著書・論文」

赤羽恒雄/アンナ・ワシリエバ編［2006］『国境を越える人々～北東アジアにおける人口移動』国際書院

ANA総合研究所［2017］『航空産業入門』（第2版），東洋経済新報社

アルン・スンドララジャン著/門脇弘典訳［2016］『シェアリングエコノミー』日経BP社

馮力・孫根志華［2019］「中日間の航空業における国際観光コミュニティ形成に関する一考察」『城西国際大学大学院紀要』第22号，2019年3月

言論NPO［2018］『第14回日中共同世論調査（2018年）』

羽藤雅彦［2016］「ブランド・コミュニティ概念の再検討」（『流通科学大学論集――流通・経営編――第28巻第2号』）

長谷政弘編［1999］『観光ビジネス論』同友館

ヒラリー（山口弘光訳）［1978］「コミュニティの定義」（鈴木広編『都市化の社会学（増補版）』誠信書房）

Hillery, G. A. [1955] "Definition of community: Areas of agreement," *Rural Sociology*, Vol. 20, No. 2, pp. 111-123.

広井良典［2009］『コミュニティを問いなおす～つながり・都市・日本社会の未来～』ちくま新書

広井良典［2013］『人口減少社会という希望～コミュニティ経済の生成と地球倫理～』朝日新聞出版

井口貢編［2010］『観光学への扉』学芸出版社

稲本恵子編著［2017］『エアラインビジネス』晃洋書房

ジョン・アーリ/ヨーナス・ラースン著/加太宏邦訳［2014］『観光のまなざし』法政大学出版局

観光庁編『観光白書平成29年版』

河村誠治［2000］『観光経済学の基礎』九州大学出版会

倉沢進［2002］『コミュニティ論』放送大学教育振興会

梁春香［2013］『日中韓跨国旅游人口発展研究』吉林人民出版社

マッキーヴァー, R. M.［2009］『コミュニティ　社会学的研究：社会生活の性質と基本法則に関する一試論』ミネルヴァ書房（中久郎/松本通晴監訳）

MacIver, R. M. [1970] *Community A Sociological Study*: Beingan Attempt to set out the Nature & Fundamental Laws of Social Life, 4th edition.

マクミラン&チャビス［1986］「Sense of Community」

前田勇編［1996］『現代観光学の展開～観光行動・文化観光・国際観光交流～』学文社

町村敬志［2017］「コミュニティは地域的基盤を必要とするのか」（日本学術協力財団

『学術の動向』9月号）

宮﨑康二［2015］『シェアリングエコノミー～ Uber，Airbnb が変えた世界～』日本経済新聞出版社

溝尾良隆編著［2009］『観光学の基礎』第1巻，原書房

西村剛［2007］「コミュニティ・ビジネスの定義に関する一考察」（奈良産業大学『産業と経済』第22巻第3号（2007年12月））

大羽昭仁［2018］『地域が稼ぐ観光』宣伝会議

汪大海・魏娜・邹建立編［2012］『社区管理』（第三版）中国人民大学出版社

孫根志華［2019］『新版 基礎から学ぶ政治と経済（第2版)』学文社

孫根志華［2012］「中国人観光客の誘致拡大―千葉県におけるインバウンド戦略の展開」『城西国際大学中国文化研究センター年報』2012年3月号

鈴木広［1978］『都市化の社会学（増補版)』誠信書房

鈴木忠義編［1994］『現代観光論「新版」』有斐閣

須藤廣［2012］『ツーリズムとポストモダン社会～後期近代における観光の両義性～』明石書店

田川博己［2018］『観光先進国をめざして～日本のツーリズム産業の果たすべき役割～』中央経済社

高寺奎一郎［2006］『国際観光論～平和構築のためのグローバル戦略～』古今書院

津田昇［1969］『国際観光論』東洋経済新報社

早稲田インバウンド・ビジネス戦略研究会/池上重輔監修［2019］『インバウンド・ビジネス戦略』日本経済新聞出版社

Wellman, Barry [1979] "The Community Question: The Intimate Networks of East Yorkers." *American Journal of Sociology*, 84

ウェルマン（野沢慎司・立山徳子訳）［2006］「第5章 コミュニティ問題：イースト・ヨーク住民の親密なネットワーク」（野沢慎司編・監訳『リーディングスネットワーク論家族・コミュニティ・社会関係資本』勁草書房）

山上徹/堀野正人編著［2003］『現代観光へのアプローチ』白桃書房

Ⅱ 「各種 WEB サイト」

中国旅游研究院（http://www.ctaweb.org 2019年8月15日閲覧）

中華人民共和国文化和旅游部公式サイト（https://www.mct.gov.cn/ 2018年2月11日閲覧）

言論 NPO「第14回日中共同世論調査」（http://www.genron-npo.net/pdf/14th.pdf 2019年5月16日閲覧）

北海道ニセコ町公式サイト（https://www.town.niseko.lg.jp/ 2019年8月1日閲覧）

IATA SRS Analyzer（https://srsa.diio.net/srs/pages/login.jsp 2019年5月4

日閲覧)

「JNTO 世界の市場別基礎情報」(https://www.jnto.go.jp/jpn/inbound_market/index.html　2019年4月10日閲覧)

日本国土交通省 (http://www.mlit.go.jp/report/press/port04_hh_000189.html 2019年4月26日閲覧)

国土交通省観光庁「訪日外国人消費動向調査2018」http://www.mlit.go.jp/kankocho/news02_000380.html（2019年5月10日閲覧）

日本出入国在留管理庁 (http://www.immi-moj.go.jp/toukei/index.html　2019年2月10日閲覧)

日本政府観光局JNTO (https://www.jnto.go.jp/jpn/statistics/visitor_trends/2019年4月26日閲覧)

世界保健機関 (https://www.who.int　2019年4月10日閲覧)

Ⅲ 「各種資料」

AIRBUS社「Global Market Forecast ~ Mapping Demand 2016-2035」

「明日の日本を支える観光ビジョン―世界が訪れたくなる日本へ―」平成28年3月30日，明日の日本を支える観光ビジョン構想会議

BOEING社「航空市場近況」

「観光立国推進基本計画」平成24年3月30日閣議決定

「観光立国実現に向けたアクション・プログラム」平成25年6月11日，観光立国推進閣僚会議

付録1：訪日中国人観光客対象のアンケート調査票（中国語）

中国赴日旅游团队游客调查问卷

1．您的年龄层：24岁以下，25-40岁，41-60岁，61岁以上。
2．您的学历：高中中专及以下，大专大本，硕士以上。
3．您的身份：学生或没在工作，公司职员或公务员，自由职业，退休。
4．您大致的家庭年收入水平：不到15万元，15-30万元，超过30万元。
5．您的日语能力：不具备，初级～中级水平，工作水平。
6．您的旅日经验：本次初次，2～4次，5次以上，在日本定居过。
7．一般而言，您休假旅游时选择目的地的主要因素是什么？
　　个人兴趣爱好，亲友口碑推荐，媒体推广或旅行社营销，旅行价格因素。
8．本次旅行，您选择了日本而不是其它目的地，主要的原因是（可多选）：
　　日本特定的旅游资源，对日本文化的兴趣，对日本社会的亲近感，
　　日本特有的商品或服务，旅行便利性（时差少，治安好等），旅行价格上的考虑。
9．本次赴日旅游，从预算上考虑，对您而言是怎样的消费：
　　廉价实惠的，普通平常的，高价奢侈的，非常困难特别准备的。
10．本次赴日旅行，您的总体感受：
　　非常满意，基本满意，不太满意，很不满意。
11．在赴日旅行过程中，哪些体验最令您感到愉悦？（最多可选三项）
　　景点名胜，美食，购物，传统文化体验，优质服务态度，
　　良好社会环境（环境整洁，治安好等），参加特定活动，其它。
12．您为自己及家人，在日本购买并带回中国的商品主要是什么（最多可选三项）？
　　没有购买，景点纪念品，土产点心，食品饮料烟酒等日常消费品，药妆保健品，
　　服饰鞋帽，家用电器，书报漫画游戏等文化商品，国际品牌奢侈品，其它。
13．本次旅行中，您是否为中国国内亲友购买了日本商品？
　　我为亲友买，亲友请我帮忙买，两种情况都有，两种情况都没有。
14．您为亲友，在日本购买并带回中国的商品主要是什么（最多可选三项）？
　　没有购买，景点纪念品，土产点心，食品饮料烟酒等日常消费品，药妆保健品，
　　服饰鞋帽，家用电器，书报漫画游戏等文化商品，国际品牌奢侈品，其它。
15．实体购物外，您是否体验了日本服务业（如美容，医疗等）？　有，没有。
16．如果前一问题您回答有，请问您体验了什么服务？　＿＿＿＿＿
17．旅行中，您是否注意到某些日本民众的日常文化活动在进行？　有，没有。
18．如果前一问题您回答有，请问您看到了什么活动？　＿＿＿＿＿
19．假如有机会参加日本民众的日常文化活动，您有兴趣吗：
　　有兴趣，没有兴趣。
20．如果有机会参加，您对哪类日本民众的日常文化活动感兴趣（可多选）？

地区习俗类，历史纪念类，学校职场类，商业活动，婚丧等家庭仪式，其它。

21. 在旅行过程中，您是否使用社交网络服务（SNS）分享了旅行体验？
   公开发布（微博，BBS等），只与熟人分享（微信朋友圈等），不分享。

22. 如果您使用社交网络服务（SNS）分享了旅行体验，您最喜欢分享的内容是：
   景点名胜，美食，购物，传统文化体验，优质服务态度，
   良好社会环境（环境整洁，治安好等），参加特定活动，其它。

23. 本次赴日旅游，从实际体验和旅行价格上综合考虑，您的感受是？
   感受很好而价格实惠，感受与价格基本匹配，
   感受还好但价格偏贵，与价格比感受不够好。

24. 您是否有意愿再次赴日旅游？
   肯定会再来，大概会再来，大概不会再来，不会再来。

25. 如果您有意愿再次访日，主要原因是什么（可多选）：
   旅游资源好，文化社会认同度高，优质的商品和服务，有当地亲友，其它原因。

26. 目前为止您去过的旅游目的地中，您最希望再次访问的国家或地区是：
   日本，其它国家或地区，不是很确定。

27. 如果前一问题您回答其它国家或地区，请您告诉我们是哪里？ _____

28. 本次旅行后，您是否会推荐亲友赴日旅游？
   肯定会推荐，大概会推荐，大概不会推荐，肯定不会推荐。

29. 在本次旅行中，您是否有机会和当地日本民众交流？
   没有做特别的交流。只和旅游业人士交流（旅行社，酒店等相关人士）。
   有机会与一般民众交流（当地居民，景点或餐饮业的其它客人，一般服务业人士等）。
   新认识了日本友人（能叫出名字有联系方式）。

30. "我能感受到，日本民众对中国游客态度友善，有一些特别的关照。"
   您的赞同程度：非常赞同，基本赞同，不太赞同，完全不赞同

31. "本次赴日旅行体验，使我对日本的评价（国家，社会，文化，民众）更为积极。"
   您的赞同程度：非常赞同，基本赞同，不太赞同，完全不赞同

32. "本次赴日旅行体验，使我今后会更加关注日本相关的文化商业动态。"
   您的赞同程度：非常赞同，基本赞同，不太赞同，完全不赞同

33. 如果前一问题您表示赞同，请问您会更关注哪些方面： _____

34. "本次赴日旅行后，我会投入精力尝试学习日语或深入理解日本文化。"
   您的赞同程度：非常赞同，基本赞同，不太赞同，完全不赞同

35. "有机会的话，我有希望再次购买的日本商品或再次体验的日本服务。"
   您的赞同程度：非常赞同，基本赞同，不太赞同，完全不赞同

36. 如果前一问题您表示赞同，请问是什么商品或服务： _____

37. "本次赴日旅行后，我对中国国内销售的日本品牌商品或服务的认同度有所提高。"
   您的赞同程度：非常赞同，基本赞同，不太赞同，完全不赞同

38. "本次赴日旅行体验，会使我在中国国内的日常生活习惯或观念有所变化。"

您的赞同程度：非常赞同，基本赞同，不太赞同，完全不赞同

39. 如果前一问题您表示赞同，请问是什么观念：＿＿＿＿＿＿

40. "本次赴日旅行体验，会使我今后更友善的对待在中国国内遇到的日本人。"
    您的赞同程度：非常赞同，基本赞同，不太赞同，完全不赞同

41. 假如今后有日方在中国国内组织文化交流活动，您的参加意愿是：
    会尽可能去参加，有空的话会参加，有趣的话才会参加，
    大概不会参加，肯定不会参加。

42. 您的赴日旅行感想（自由评论）：＿＿＿＿＿＿＿＿＿＿＿＿＿＿＿

感谢您协助回答问卷！

230

付録2：受け入れ側の日本人対象のアンケート調査票

質問1．あなたの年齢層：20歳未満，20〜50歳，51〜65歳，66歳以上。

質問2．あなたの学歴：高卒及び以下，専門学校・短大卒，大卒，大学院以上。

質問3．あなたの職業：学生又はアルバイト，会社員又は公務員，自営業（医師・弁
　　　　護士・作家等を含む），主婦又は無職，定年退職。

質問4．あなたの職業は観光客から恩恵が得られますか：
　　　　大いに得られる，ある程度得られる，あまり得られない，
　　　　ほとんど得られない，職業に就いていない。

質問5．あなたの世帯年収：300万円未満，300〜500万円未満，500〜1,000万円未満，
　　　　1,000万円以上。

質問6．あなたの海外経験（複数回答可）：
　　　　外国を訪れたことがない，観光したことがある，短期出張したことがある，
　　　　留学したことがある，仕事で長期駐在したことがある，
　　　　仕事以外で1年以上住んだことがある。

質問7．あなたの中国に関する経験（複数回答可）：
　　　　中国を訪れたことがない，観光したことがある，短期出張したことがある，
　　　　留学したことがある，仕事で長期駐在したことがある，
　　　　仕事以外で1年以上住んだことがある。

質問8．あなたの中国人との関係：（複数回答可）
　　　　中国人の知り合いはいない，中国人のお客さんがいる，
　　　　同級生もしくは同僚の中に中国人がいる，私的な中国人の友人がいる。

質問9．「日本への観光は外国人観光客に日本文化をより深く理解させ，外交と経済
　　　　交流を一層促す。」という考え方について，あなたは賛同しますか：
　　　　大いに賛同する，基本的に賛同する，あまり賛同しない，
　　　　まったく賛同しない。

質問10．日本に訪れる中国人観光客があなたに与えた印象は：
　　　　　よい，ややよい，どちらともいえない，あまりよくない，悪い。

質問11．日本に訪れる中国以外の外国人観光客があなたに与えた印象は：
　　　　　よい，ややよい，どちらともいえない，あまりよくない，悪い。

質問12．日本に訪れる外国人観光客があなたに与えた全体の印象は：
　　　　　よい，ややよい，どちらともいえない，あまりよくない，悪い。

質問13．もし中国人観光客があなたによい印象を与えた場合，その理由は：
　　　　　_____

質問14．もし中国人観光客があなたに悪い印象を与えた場合，その理由は：
　　　　　_____

質問15．あなたの日常生活で，中国人観光客と交流することがありましたか。

交流したことがない，簡単な対話があった，深い話し合いがあった，交流して友人になった。

質問16. 観光以外では，地元の文化活動・イベントに参加した中国人観光客を見たことがありますか。

見たことがある（そのイベントは_____です），特にない。

質問17. 観光以外では，地元のどんな文化活動・イベントなら，中国人観光客により深く日本文化を理解してもらえると思いますか。（複数回答可）

地域習俗イベント，歴史記念イベント，学校・職場イベント，商業イベント，冠婚葬祭イベント

質問18. 近年，日本を訪れる中国人観光客は増え続けていますが，その結果あなたの中国（国家・文化・民衆を含む）に対する親近感は変化しましたか。

より強まった，変わらない，より弱まった，わからない。

質問19. 中国人観光客が増え続けているので，地元の商業施設は中国人観光客に的を絞って対応をしていると感じますか。

感じる，なんとなく感じる，あまり感じない，まったく感じない。

もし感じるなら，それはどんな対応ですか。_____

質問20. 中国人観光客が増え続けているので，地元の日常生活は中国文化の影響をある程度受けていると感じますか。

感じる，なんとなく感じる，あまり感じない，まったく感じない。

もし感じるなら，それはどのような影響ですか。_____

質問21. 近年日中関係が改善し，日本政府は中国人観光客の訪日ビザ取得を一層緩和していますが，これについて，あなたの感想は：

より多くの中国人観光客の訪日を歓迎する，支持も反対もしない，これ以上多くの中国人観光客の訪日を望まない，わからない。

質問22. もし日本政府が中国国内で文化交流イベントを主催するとしたら，あなたの感想は：

• 支持する，より多くの中国人に日本文化を理解させたい。

• 支持する，ただし経済効果がなければならず，その結果より多くの中国人観光客が訪日することを希望する。

• 支持も反対もしない。

• 支持しない，政府は予算をほかのプロジェクトに使って欲しい。

• わからない。

質問23. ご存知のように，日本には豊富な観光資源があります。もし多くの日本人がハワイを訪れるように，あなたの地元が大量の中国人観光客の主要な目的地となった場合，あなたの感想は；

• 地元は東京と大阪に比肩する中国人観光客の訪日の主要な目的地になって欲しい。

- より多くの中国人観光客の訪日を歓迎するが，地元のこれ以上の観光地化は望まない。
- 大量の中国人観光客が集中的に地元を訪れることは望まない。
- わからない。

質問24. より多くの中国人観光客を日本に誘致するために，もし中国からの資本が日本に商業開発プロジェクト（ホテル，リゾート，ゴルフ場など）を始めようとした場合，あなたの感想は：

合法的な投資なら歓迎する，支持も反対もしない，

あまりにも多くの中国資本が現地に参入するのは希望しない。

中国からの資本なら反対する，わからない。

質問25. もし中国の富裕層が日本に不動産を購入して日本に移住するとしたら，あなたの感想は：

合法的な投資なら歓迎する，支持も反対もしない，

これ以上の中国人移住者を受け入れたくない，わからない。

質問26. もしあなたの地元に横浜・池袋・神戸のような大型中華街が出現するとしたら，あなたの感想は：

とても面白いかもしれない，支持も反対もしない，そんなことは望まない，わからない。

質問27. 最近日本国内でもよく報道されている中国国内のインターネットサービス（キャッシュレス決済・シェアサイクルなど）をご存知ですか？　実際に体験したことはありますか。

知っている（それは＿＿＿＿＿です），知らない。

質問28. あなたの知っている範囲に，日本にもあって欲しい中国ブランドの商品・サービスがありますか。

ある，それは＿＿＿＿＿です，

中国のブランドをある程度を知っているが特にない，

中国のブランドをよく知らないから特にない。

質問29. 日本を訪れる中国人観光客について，あなたの自由コメント：

＿＿＿＿＿＿＿＿＿＿＿＿＿＿＿＿＿＿＿

質問30. 日本への移住を希望する外国人について：

歓迎する，国籍による，人による，歓迎しない，どちらともいえない

質問31. 国籍によると答えた人に質問，どの国・地域の人なら歓迎しますか（複数回答可）：

米州，欧州，中東，アフリカ，アジア，大洋州。

質問32. アジアと答えた人に質問，どの国・地域の人なら歓迎しますか（複数回答可）：

中国大陸，香港・マカオ・台湾，韓国，

東南アジア（シンガポール，マレーシア，タイ，インドネシア，フィリピンなど），

西アジア・南アジア（インドなど）

質問33. 人によると答えた人に質問，どんな人なら歓迎しますか（複数回答可）：

リタイヤーした富裕層，地域社会に貢献できる職業人（料理人など），

現地での企業設立経営者，投資家，作家・芸術家等文化人

ご協力ありがとうございました。

索　引

ADS　59
AIDMA の法則　32
Airbnb　103
AISAS の法則　v
E チケット　80

LCC　81
SNS　1
UNWTO　21
VJC　39

あ 行

アウトバウンド観光　v
明日の日本を支える観光ビジョン　40
アリペイ　73
インバウンド観光　v
インバウンド消費　43
微信　73
ウィーチャットペイ　73
微博　73
ウェルマン, B.　2, 11
エコツーリズム　48
エコ理念　147

か 行

格安航空会社　81, 95
環境保護　147
観光地遊覧型　103
観光ビザ　41
観光目的対象国　59
観光立国推進基本法　40
観光立国　iii
グリーン・ツーリズム　49
国際観光コミュニティ　iv-v
コト消費　107

さ 行

参加型観光　35

シェアリングエコノミー　219
携程　101
假日経済　63
春秋航空　83
情報の非対称性　29
職人精神　205
親族訪問　58
世界観光機関　21
世界の文化遺産および自然遺産の保護条
　約　213
船舶観光上陸許可　76
ソーシャルネットワークサービス　1
外からの内需　51

た 行

体験型観光　45
第 6 の自由　86
地方創生　112
着地型観光　35
中華人民共和国電子商務法　60
中華人民共和国旅行法　59
中国公民自費出国旅游管理暫行弁法
　59
中国公民出国旅游管理弁法　59
長期滞在型観光　48
電子航空券　80

な 行

ニューツーリズム　iv

は 行

爆買　104, 126
バーチャル型　219
バーチャル空間　133
ビジット・ジャパン・キャンペーン
　39
ヒラリー, G. A.　2, 8
富裕層　iii
ヘルスツーリズム　49

ま 行

マスツーリズム　iii-iv
マッキーヴァー, R. M.　2, 5
ミニマリズムのライフスタイル　205
民泊　220

ら 行

ライドシェアリング　220
リアル型　219
リピーター　iv
ローカル生活体験型　103

著者プロフィール

馮 力（Feng Li）博士（経営学）
1968年中国天津で生まれ，趣味はサッカーとゴルフ。中国民航大学本科卒業，中共中央党校修士課程，日本の城西国際大学で論文博士を取得。1989年7月卒業後に中国国際航空天津支店に入社。福岡支店福岡空港マネージャー，東京支店貨物部長兼チャーター部長，名古屋支店長，ロンドン支店長，大阪支店長，東京支店長，中国華北営業本部副本部長，本社営業本部副本部長を歴任，2016年10月より日本支社長兼東京支店長。

孫根 志華（Sone Shika） 博士（経済学）
1962年中国上海で生まれ，1984年復旦大学卒業後，旅行社就職
1992年明治大学大学院修士課程修了（経済学修士）
1996年同上博士課程修了（経済学博士）
城西国際大学の講師，准教授を経て，教授。入試部副部長，留学生センター所長，中国文化研究センター所長等を歴任

国際観光コミュニティの形成
—訪日中国人観光客を中心として—

2019年12月10日　第一版第一刷発行

著 者	馮　　　　力	
	孫 根 志 華	
発行者	田 中 千津子	

| 発行所 | 〒153-0064　東京都目黒区下目黒3-6-1　☎ 03(3715)1501　FAX 03(3715)2012　振替　00130-9-98842 | 株式会社 学文社 |

検印省略

ISBN 978-4-7620-2941-7　印刷／東光整版印刷㈱

©2019 FENG Li and SONE Shika
Printed in Japan